Les murmures du temps

Jade Bonne Pons

Les murmures du temps

Recueil

ISBN : 979-10-422-1013-7

L’âge d’or censé être plein d’insouciance et d’émerveillement : « L’enfance »

Rejetée avant d'être aimée

Dans l'antre maternelle, caché dans le noir,
Un petit être innocemment grandissait sans savoir.
De la mère aimante il sentait l'amour,
Mais le père absent ne voulait pas de retour.

Le temps avait passé, la naissance imminente,
La mère espérait, le père rejetait, la tension était ardente,
Le travail commença, la douleur s'installa,
La mère résistait, le père dans un bar s'en allait.

L'enfant vint au monde, fragile et petit,
Un cœur innocent, mais déjà si meurtri,
Le père refusa l'amour, la mère chérissait son enfant,
Une triste scène où l'amour et la haine se mêlaient à chaque instant.

Mais la mère forte resta, aimante et présente,
Le père lâche partit, ignorant la beauté de cette enfant.
L'enfant grandit, aimée et protégée d'un côté,
Le père ne revint pas et ne comprit pas sa vie bafouée.

Les cicatrices du premier souvenir

La jeune fille, à peine âgée de trois ans,
Un regard innocent, un cœur empli de tendres sentiments,
Elle vivait dans un monde de douceur et d'amour,
Mais un événement allait changer son parcours.

Son premier souvenir fut un cri de rage,
Un père en colère, un regard rempli de rage,
Pour une bouteille renversée, une simple maladresse,
Mais pour la jeune fille, c'était un premier drame, une première tristesse.

Elle qui croyait être aimée, protégée, chérie,
Se retrouvait soudainement seule, triste et meurtrie,
La peur s'installa alors, sournoise et douloureuse,
Et la jeune fille commença à devenir peureuse.

Elle apprit vite qu'il ne fallait pas provoquer,
Qu'il fallait éviter de faire le moindre faux pas,
Elle s'effaça, se plia à toutes les exigences,
Elle voulait plaire à son père, gagner son approbation, sa reconnaissance.
Mais rien n'y fit, jamais elle ne reçut de réconfort,
Ni d'encouragement, ni de chaleur, ni d'amour,
Seule, elle avançait, cherchant à ne pas décevoir,
Mais chaque faux pas, chaque erreur était un coup dur, un désespoir.

Alors elle s'enferma dans sa carapace, se protégeant du monde,
Elle apprit à cacher ses émotions, à garder ses sentiments profonds,
Elle se réfugia dans un monde de silence, de solitude,
Un monde où elle était protégée, où elle pouvait être libre, enfin.

Le silence d'une innocence

J'étais une enfant bien sage,
Qui ne faisait pas de vagues, qui ne faisait pas rage,
Je n'étais pas comme les autres, turbulents et bruyants,
Je ne courais pas partout ni ne criais constamment.

Je ne me souviens pas de ces moments de folie,
Où l'on s'amusait sans se soucier des interdits,
Je n'ai pas connu ces sauts de joie, ces rires éclatants,
Où tout semble possible, où tout est fascinant.

Je me souviens plutôt de ces moments de silence,
De ces instants où je ne faisais que de l'observation intense,
J'ai appris à me taire, à ne rien laisser paraître,
À être toujours discrète, à ne jamais paraître.

J'ai perdu bien vite cette innocence,
Celle qui rend la vie belle, celle qui fait la différence,
Je suis devenue une adulte bien trop tôt,
Et j'ai oublié cette part d'enfance qui était en moi.

Je n'ai pas connu les joies simples de l'enfance,
Les petites victoires qui font avancer, qui donnent de la confiance,
Je n'ai pas connu les premiers émerveillements,
Ceux qui émergent naturellement, comme une fleur sous le printemps.

Le mirage de l'adaptation

Je m'adaptai sans cesse, sans un mot de trop,
Afin de me lier aux autres sans être de trop,
Timidement j'avançais, tel un funambule en équilibre,
Jouant le rôle qu'on me donnait, en quête d'amitié sans fibre.

Je m'effaçais, comme un caméléon invisible,
Me fondant dans l'environnement comme un objet indicible,
J'étais une coquille vide, un réceptacle éphémère,
Qui prenait les couleurs de ceux que je cherchais à plaire.

Je me pliais sans cesse, sans un souffle de plainte,
Pour que l'on me remarque, pour que l'on m'aime,
Moulant mon être, modelant ma voix et mes gestes,
Au gré des gens que je rencontrais, des personnalités modestes.

Je m'accommodais du silence, de la solitude amère,
Croyant que ma présence, ne saurait être une affaire,
Pour ceux qui m'entouraient, qui ne voyaient que le masque,
Que je revêtais pour eux, dans l'espoir d'une amitié qui fracasse.

Je m'adaptais aux autres, telle une fleur s'inclinant au vent,
Même si en moi, rien ne semblait exister vraiment.
Je savais quoi faire et comment être, pour me faire des amis,
Malgré ma timidité et mes craintes, qui ne voulaient partir.

Mais à l'intérieur, j'étais seule, je n'étais qu'un écho vide,
Je n'avais pas de véritable personnalité, j'étais un liquide.
Je me dissolvais dans l'environnement, comme une goutte d'eau,
Et je me perdais en chemin, sans savoir où j'allais trop.

Prémices d'affection

Quand j'étais en maternelle,
Je n'avais pas de modèle,
Pas d'exemple à la maison,
De l'amour, pas de vision.

Mais j'avais un petit copain,
Et une petite copine,
À cet âge-là, pas de question,
On ne se pose pas de condition.

L'amour, c'était simple et pur,
On s'aimait sans y penser, c'était sûr,
On ne se souciait pas de l'orientation,
Ni de l'identité, pas de complication.

Des bisous volés sur les joues,
Des câlins à la récré, tout doux,
C'était notre façon de s'aimer,
Sans jamais se juger ni se blâmer.

Aujourd'hui je repense à ces moments,
De tendresse, de pureté, de sentiment,
Et je me dis qu'à cet âge-là,
L'amour était simple et vrai.

Alors que maintenant, tout est compliqué,
On se pose des questions, des idées,
L'orientation, l'identité, les normes,
L'amour est devenu une énorme forme.

Un refuge

Dans les souvenirs de mon enfance,
Je revois ma mère avec bienveillance,
Nous avions une relation complice,
Qui nous liait d'un amour indescriptible.

Elle travaillait dur pour nous offrir,
Le nécessaire pour ne jamais souffrir,
Mais elle trouvait toujours du temps,
Pour m'enseigner et m'apprendre à chaque instant.

Chez ma grand-mère, je passais mes journées,
Et ma mère venait me chercher le soir tombé,
Je leur racontais mes jeux et mes histoires,
Mais jamais les peines qui me rendaient si noire.

Je ne voulais pas leur causer de tracas,
Je ne voulais pas qu'elles s'inquiètent de moi,
Je gardais pour moi mes chagrins et mes peurs,
Et je préférais leur montrer mes joies et mes bonheurs.

Les ombres de l'abandon

Je me souviens de cet homme, souriant et gentil,
Qui jouait avec moi, m'amusait, me comblait de soleil,
Je le considérais comme un ami, un papa de substitution,
Et jamais je n'aurais pensé qu'il me causerait des afflictions.

Mais un jour, tout a basculé, il a changé du tout au tout,
Il m'a parlé mal, m'a crié dessus, sans raison, sans remords,
Il m'a traitée comme une moins que rien, sans le moindre tabou,
M'a fait taire et m'a isolée, sans que je puisse faire quoi que ce soit.

Je ne comprenais pas pourquoi cet homme si doux,
Aurait-il pu changer à ce point, devenir si fou,
Je ne pouvais plus être moi-même, je devais faire attention,
Je me sentais piégée, prisonnière, sans aucune solution.

Ma mère était sous son emprise, ne voyant rien du tout,
Je me suis donc éloignée, m'isolant peu à peu de tout,
Mais je n'oublierai jamais cet homme, qui m'a blessée, fait du mal,
Et qui m'a enlevé le peu d'innocence qu'il me restait, le bonheur, le moral.

Rejet dans la douleur

Quand j'étais une petite fille, un homme est entré dans ma vie
Le nouvel amant de ma mère, qui me regardait avec dépit
Je ne savais pas pourquoi, mais je sentais bien son mépris
Il me haïssait pour une raison que j'ignorais, un délit.

Un jour, il jouait avec moi, sans cesser de me provoquer
Et soudain, il m'a poussé, mon épaule s'est déboîtée.
Je ne ressentais pas tant la douleur, mais la haine l'avait emporté.
Je me demandais si c'était intentionnel, s'il l'avait planifié.

Il était devenu l'homme de ma mère, un intrus dans ma vie
Et pourtant, il avait réussi à me faire sentir sans vie
J'avais appris à faire face aux coups, aux insultes, aux cris
Mais je ne m'attendais pas à ça, à ce que ce soit lui qui me brise.

La spectatrice

Dans la cour de l'école, je restais en retrait
À regarder les enfants s'amuser et rire
Je ne savais pas comment m'y intégrer
Alors je restais là à les observer.

J'observais leurs jeux et leurs interactions
Leurs rivalités et leurs alliances
Je cherchais à comprendre leurs émotions
À travers leurs sourires et leurs silences.

Je scrutais également les adultes
Le comportement de mes maîtresses et mes parents
Je les écoutais parler, avec gratitude
De ce monde qui me semblait si différent.

Je cherchais à percer leurs mystères
À comprendre les subtilités de leurs actes
Je savais que je pouvais apprendre
Et devenir moi-même un jour un peu plus proactive.

À la recherche d'un ami

Je me souviens encore de ce temps
Où j'étais nouvelle à l'école primaire,
Je ne connaissais personne, c'était déroutant
Je me sentais perdue, comme une étrangère.

J'essayais de m'adapter à chacun,
De rester gentille, toujours souriante,
Mais il y avait cette enfant, cette rancune,
Qui ne m'aimait pas, c'était troublant.

Je ne savais pas ce que j'avais fait de mal,
Ni pourquoi tout le monde lui emboîtait le pas,
J'étais rejetée, mise à l'écart de manière radicale,
Mon cœur saignait, je me sentais si lasse.

Je me souviens de ces longues journées,
À chercher un ami, une main tendue,
Mais je ne trouvais que le vide, l'obscurité,
Une tristesse infinie, qui m'habitait, suspendue.

J'aurais voulu que les choses soient différentes,
Que je sois acceptée, intégrée, aimée,
Mais au lieu de cela, j'étais l'objet de la méchanceté,
De l'exclusion, de la solitude, de la différence.

Les insultes qui brûlent

Dans la cour de l'école, les mots me blessent
Insultes en tout genre, je suis la cible de leurs adresses
Je ne sais pas pourquoi, je ne sais pas comment
Je suis devenue celle que l'on rejette, celle qu'on humilie sans aucun sentiment.

Étais-je une vache, un monstre, une sale garce ?
Les mots qu'ils utilisent me mettent face à ma place
Je n'ai rien fait de mal, rien dit de travers
Pourtant, j'ai le sentiment d'être une étrangère dans cet univers.

Ils me parlent comme mon père, avec la même violence
Ils me traitent comme cette fille, avec la même méchanceté en permanence
Ils me rejettent comme mon beau-père, sans aucun remords
Je suis seule, je suis perdue, je suis en tort.

Je ne suis pas une chieuse, je suis une enfant
Je ne suis pas mauvaise, je n'ai que quelques ans,
Je ne suis pas une vache, je suis un être humain
Mais pour eux, je ne suis rien.

L'enfant aux émotions enfouies

La colère de mon père a éclaté,
Contre ma sœur, qu'il voulait frapper,
Des cris, des bruits, le verre a volé,
Mon cœur serré, je l'entendais s'acharner.

Ma grande sœur, mon rayon de soleil,
Elle qui prenait soin de moi chaque jour,
Maintenant elle subissait la colère de notre paternel,
Je voulais intervenir, mais je n'avais pas le pouvoir.

Je savais que ça me faisait mal,
D'entendre la violence qui régnait,
Mais je ne ressentais rien, c'était fatal,
Comme si mon cœur était déjà mort, brisé.

Pourtant je l'aimais tant, ma grande sœur,
Elle me protégeait de tout, tout le temps,
Je la voyais souffrir sous les coups de mon père,
Je voulais l'aider, mais je restais impuissante.

Je ne sais pas pourquoi je ne ressentais rien,
Est-ce la peur, la tristesse, la colère,
Je ne sais pas, mais je sais que je n'étais plus rien,
Un fantôme qui errait, perdu dans cette atmosphère.

Pourtant je savais que je devais agir,
Que cette violence ne pouvait plus durer,
Mais je restais là, à ne rien dire,
Figée, inerte, ne pouvant que pleurer.

Les éclats de verre

Le sol de sa chambre est jonché de verre
Témoins d'une colère, d'un père amer
Ma sœur est partie, mais le bris demeure
Un rappel de ses hurlements, de ses pleurs.

Je reviens chez lui, et je le vois en colère
Je ne sais même pas pourquoi, ça m'est étranger
Mais les morceaux de verres n'ont pas bougé
Une blessure ouverte qui refuse de guérir.

Dans la vie, parfois, il arrive
Que l'on soit jeté dans la rive
D'un océan de douleur intense
Et que la vie nous semble immense.

C'est ce que j'ai vécu, en ce jour,
Agrippée et balancée dans des éclats de verre sans amour
Par un père fou de rage et de colère
Qui me laissait seule, sans même la lumière.

Je ne ressens rien, pourtant je sais que c'est là
La peine, la colère, le chagrin, tout ça
Mais mon esprit est embrumé, étourdi
Comme si mon cœur avait été endormi.

Le temps passe et le verre reste là
Témoignant de la violence et de l'effroi
Que tout le monde préfère ignorer, même moi,
Sans jamais parler de ce malheur qui nous noie.

L'émotion enfermée

La chienne de la maison, je l'ai connue dès ma naissance
Elle était si douce, si joyeuse, une vraie présence
Mais un jour, elle est partie, elle a quitté ce monde
Et pourtant, je n'ai rien ressenti, pas un seul frisson dans ce monde.

Je savais que ça devait faire mal, qu'elle était partie pour toujours
Mais je n'ai rien senti, comme si mon cœur était sourd
Je ne comprenais pas pourquoi je ne pouvais pas pleurer.
Pourquoi mon esprit était vide, sans aucune émotion à exprimer.

Je suis restée là, à le regarder, sans un mot à dire
Et pourtant, je savais que c'était mal, que je devais réagir
Mais comment faire, quand on ne ressent rien, quand tout est vide en soi
Quand on est prisonnier d'un mal étrange, sans comprendre pourquoi.

Il a fallu du temps, pour que je comprenne, pour que je réalise
Que mon silence, ma vacuité, n'étaient pas une simple surprise
Que c'était un signe, que j'avais besoin qu'on me tende la main
Que je devais sortir de ce mutisme, avant que cela ne me nuise un
jour ou demain.

La complice de mes nuits

Dans la nuit noire et sombre, je contemple la lune,
Qui brille de mille feux, dans l'immensité d'une brume.
Mes parents dorment, je suis seule avec mes pensées,
Je me réfugie devant ma fenêtre, en quête de sérénité.

Dans cette obscurité, je me sens en paix,
La lune m'apaise, dans sa lumière bienveillante.
Elle éclaire mes nuits, tel un phare dans la nuit,
Et me permet de m'envoler vers un ailleurs, un paradis.

Je me perds dans mes songes, sous le regard de la lune,
Qui m'éclaire de sa beauté, de son mystère et de sa brume.
Elle me fait oublier mes soucis, mes peurs et mes angoisses,
Et me rappelle que la vie peut être belle, même dans sa noirceur.

Je suis dans ma bulle, loin de tout et de tous,
Juste moi et la lune, qui veille sur moi comme une douce caresse.
Elle me console, me réconforte, me protège de mes démons,
Et me montre que dans la nuit, il y a toujours un peu de lumière, une lueur d'espoir.

Je la contemple, je la savoure, je m'en imprègne,
Et je me laisse bercer par sa mélodie, son chant de cygne.
Dans cette nuit noire et sombre, elle est ma lumière,
Et je lui voue un culte, pour toute l'éternité, ma chère lunaire.

Le vide derrière le sourire

Je vois les autres jouer avec insouciance,
Et moi, je me sens seule dans le silence,
Je fais semblant, je ris comme eux le font,
Mais mon cœur est lourd, et je me sens fausse, tôt ou tard ça se saura.

Je ne sais pas pourquoi je suis différente,
Je n'arrive pas à m'amuser comme une enfant innocente,
Je voudrais être comme eux, légère et heureuse,
Mais je me sens si seule, dans cette détresse douloureuse.

Mon père me répète de faire semblant,
Que tout ira bien si je fais comme les enfants,
Mais c'est difficile de jouer ce rôle,
Je me sens vide, comme un trou noir dans mon âme qui désole.

Je suis comme une ombre parmi ces enfants joyeux,
Je suis là, mais je ne suis pas heureuse,
Je suis emplie de tristesse et de peur,
Et je crains que cela ne disparaisse jamais, dans mon cœur.

Je voudrais être comme eux, si insouciante,
Libérée de mes peurs, de mes angoisses dévorantes,
Mais je suis prisonnière de mes pensées noires,
Et je reste seule, dans ce monde où tout me laisse croire.

Je regarde les autres jouer, en silence,
Je fais semblant, je souris, pour ne pas paraître différente,
Mais je suis malheureuse, et je le resterai,
Jusqu'à ce que quelqu'un vienne me sauver.

Alors je reste là, à jouer ce rôle imposé,
Espérant qu'un jour je serai libérée,
De toutes ces peurs, de tous ces faux-semblants,
Et que je pourrai être moi-même, enfin, simplement.

Les disputes des grands

Les disputes entre parents, je les entendais souvent,
Des cris, des larmes, des mots blessants,
Je restais là, silencieuse, cachée dans mon coin,
Écoutant tout, sans rien dire, sans aucun témoin.

Leurs voix résonnaient dans la maison,
Un mélange de rage et de confusion.
Je ne comprenais pas tout, mais je savais bien,
Que quelque chose n'allait pas, qu'il y avait un chagrin.

Ils se hurlaient dessus, sans se soucier de moi,
Je me sentais si petite, si fragile dans tout ça.
Je ne savais pas quoi faire, comment les aider,
Je restais immobile, à les regarder se disputer.

Les mots étaient durs, et les regards, blessants,
Ils semblaient s'oublier, oublier l'enfant innocent.
Mais je ne disais rien, je restais là, impuissante,
À les voir s'entre-déchirer, comme une triste évidence.

Ces disputes m'ont marquée, m'ont laissée une trace,
Et je garde encore en moi ce sentiment de menace.
Je sais maintenant que leur colère n'était pas contre moi,
Mais à l'époque, je ne pouvais m'empêcher d'être effrayée.

Ces moments-là m'ont appris que le silence peut blesser,
Que les disputes sont une douleur qu'il faut éviter.

Les cris du père

Elle était une fleur fanée,
Avant même de fleurir,
Sa vie, un chemin éreinté
Qu'elle n'avait pas choisi d'arpenter, sans rien dire.

Le père qui la détestait,
N'avait que des mots de mépris,
Il la maltraitait, la blessait,
Et elle n'avait pas le choix.

Elle se sentait prisonnière,
D'une vie qu'elle ne contrôlait pas
Elle avait peur de tout lui dire
De crainte qu'il la blesse de nouveau.

Elle se réfugiait dans un monde imaginaire
Où tout était beau, où tout était rose,
Un monde où elle était libre de tout dire
De crainte qu'il la blesse de nouveau.

Elle souffrait en silence
Elle gardait tout pour elle
Ses pleurs, ses cris, sa souffrance
Et elle s'endormait en priant pour un ciel.

Les mains calleuses, le regard dur,
Le père brutal malmène sa progéniture,
Fragile petite fleur, douce et innocente,
Souffre sous les coups, déchirante tourmente.

Sous les mots durs et les cris assourdissants,
Elle tente de se cacher, de rester invisible,
Tremblante et apeurée, elle subit en silence,
Les violences de ce père, impitoyable et violent.

Elle n'a que quelques années, mais elle sait déjà,
Qu'il ne faut pas s'approcher, ne pas parler trop fort,
Savoir rester discrète, faire profil bas,
Pour éviter les colères et les coups qui font mal.

À travers ses larmes, ses bleus et ses blessures,
La petite apprend que silence est d'or,
Qu'il ne faut rien dire, rien montrer, tout endurer,
Pour éviter de réveiller la bête immonde en colère.

Noire maltraitance

L’amertume de l’enfance,
Une larme d’innocence,
L’ombre de la maltraitance,
Sombre et silencieuse.

L’âme de l’enfant est brisée,
Son innocence volée,
Son esprit est déchiré,
L’espoir est anéanti.

La douleur de la méchanceté,
Le fardeau sans fin pour la sérénité,
Un avenir obscurci par la tristesse,
La victime d’une société sans justice.

L’amour et la compassion sont perdus,
Les rêves se sont envolés,
La tragédie des faibles est rejetée,
Tandis que la méchanceté domine.

Les ailes des mots

Je me souviens encore de ce jour béni,
Où j'ai découvert ce qui allait changer ma vie.
Je suis tombée sur un livre,
Aux pages jaunies et au titre sobre,
Et je ne pouvais plus me défaire de lui.

J'ai feuilleté les pages,
Et la magie a commencé,
J'ai plongé dans un monde nouveau,
Où les mots et les images se mêlaient,
Et où je pouvais être qui je voulais.

C'est comme si soudain,
Je pouvais m'échapper de ma propre vie,
Dans un endroit où tout était possible,
Un monde où j'étais enfin libre.
Je pouvais vivre toutes sortes d'histoires,
Sans jamais avoir à quitter ma chambre.

Je suis tombée amoureuse de la lecture,
Et j'ai commencé à dévorer les livres,
Tantôt des romans, tantôt des poèmes,
Chacun m'offrant une nouvelle histoire,
Et je n'en ai jamais assez.

La lecture est devenue ma passion,
Mon refuge, mon évasion,
Dans les moments de tristesse,
Les pages me réconfortent et m'apaisent,
Et dans la joie, elles m'emmènent plus haut.

La lecture est devenue mon ami fidèle,
Celui qui ne me juge jamais,
Et qui m'offre un monde où tout est possible,
Où je suis libre d'être qui je veux être.

La route de l'abîme

Le jour était comme un autre, sans clarté,
Quand mon père, ivre, sur sa moto délirait,
Je m'agrippais derrière lui, terrifiée,
Voyant son allure chanceler, dévier.

Il ne roulait pas droit, il zigzaguait,
Comme s'il était déjà au loin, égaré,
Puis il s'est arrêté, au milieu de la route,
S'est allongé, abandonné, en proie au doute.

J'ai regardé, pétrifiée, sans comprendre,
Lui, mon père, dans cette posture si tendre,
Mais si étrange, inerte sur le bitume,
Ses pensées noyées dans l'alcool, dans l'amertume.

J'avais seulement six ans, si jeune et si fragile,
Témoin de cette scène, si sombre, si hostile,
Je ne savais que faire, que dire, que penser,
Figée dans l'effroi, dans l'angoisse, dans l'éthéré.

Son corps inerte, étalé sur le macadam,
Un triste tableau, un destin en sombrant,
La route de l'abîme, où il s'était égaré,
Et moi, petite enfant, impuissante à l'aider.

Je voyais son visage, marqué par la détresse,
Son regard éteint empli de sa détresse,
Et pourtant, malgré tout, je ressentais de la peine,
Pour ce père déchu, prisonnier de sa haine.

Les heures passèrent, dans un silence pesant,
Les voitures défilaient, ignorant son tourment,
Et moi, spectatrice, témoin de ce drame,
Sans voix, sans pouvoir lui dire une phrase.

La nuit tomba, l'obscurité engloutit tout,
Mon père toujours allongé, dans le froid, sans goût,
Et moi, petite enfant, perdue dans cette nuit,
Témoin impuissante de sa dérive sans bruit.

Ce jour-là, ma vie bascula dans l'abîme,
La réalité m'apparut sous un jour sinistre,
Mon père, cet homme violent, était devenu l'ombre,
Son addiction l'envahissant comme une bombe.

L'abîme de l'âme

Sur le fil de l'innocence brisée, un jour terrible est arrivé,
Dans un bâtiment sombre, où la lumière s'est éteinte, déchirée.
Mon père m'a emmené, sans un mot, sans un regard,
Dans cette pièce obscure, remplie de vieux monsieurs hagards.

J'ai obéi, comme toujours, me laissant guider,
Mais cette fois-ci, j'ai senti une lueur étrange, malsaine à éviter.
Leurs regards avides, leurs gestes déplacés,
M'ont fait frissonner, ma chair a tremblé, j'ai commencé à réaliser.

Ils m'ont déshabillée, sans ménagement, sans respect,
Comme si j'étais un jouet, un objet de leur affect.
Leurs mains baladeuses, leur intimité imposée,
J'ai pleuré, j'ai crié, mais ils n'ont pas écouté.

L'un d'eux a forcé ma bouche, ça faisait mal, ça me déchirait,
Un autre est allé plus bas, j'ai senti mon corps se débattre, se raidir.
La douleur était atroce, jamais je n'avais ressenti cela,
Mon cœur battait vite, j'étais terrorisée, je voulais que ça s'arrête, voilà.

Les larmes coulaient sur mes joues, je voulais vomir,
Mais ils continuaient, insensibles à mon désir.
Mon regard s'est posé sur mon père, j'ai cherché de l'aide,
Mais son regard était aussi malsain que les leurs, mon cœur se brise.

Je ne pouvais plus me débattre, j'étais trop petite, trop faible,
Leur emprise sur moi était forte, cruelle, indélébile.
Une marionnette sans voix, sans volonté, sans espoir,
Ils utilisaient mon corps, me laissant seule dans le noir.

Le regard vide, l'âme meurtrie,
Sur le sol, étalée, je gisais, brisée.
Les hommes m'avaient laissée sans vie,
Mon corps d'enfant souillé, sans défense exposé.

Mon père, complice dans cette atroce nuit,
Les billets en main, avait fermé la porte à clé.
Dans cette pièce sombre, plus rien ne luit,
Les ombres s'étendaient, les ténèbres s'étaient levées.

Mon père, témoin complice de cet affront,
Regardait mon corps meurtri sans remords.
Son regard aussi malsain que ces hommes,
Ma confiance en lui, brisée à jamais, était morte.

Une fois partis, il m'a ramassée, éteinte,
Nous sommes rentrés, sombres et silencieux.
Il s'est injecté sa drogue, dans sa détresse feinte,
Et s'est approché de moi avec un regard vicieux.

Il caressait mon visage, geste dérangeant,
Après ce que je venais de subir, c'était incompréhensible.
Ses paroles me semblaient lointaines, étranges,
Comme si j'étais déjà loin, dans un autre monde inaccessible.

Il a fini le travail, pourtant achevé,
Comme pour compléter l'horreur des autres.
Me détruire un peu plus, avec un sourire pervers gravé,
Mon innocence volée, mon enfance en lambeaux, en cendres.

Je ne bougeais pas, je ne ressentais plus rien,
Vide et pleine de douleur, un paradoxe douloureux.
Le traumatisme ancré en moi, tel un venin,
Laissant des cicatrices profondes, un fardeau douloureux.

Cet argent, don maudit de ces hommes pervers,
Achetant sa drogue, nourrissant son vice.
Sacrifiant sa propre chair et son sang, geste pervers,
Un père indigne, un monstre qui se métamorphose en supplice.

Ce long regard lancé sur moi, après leur départ,
N'était que vide, un néant insoutenable.
Son indifférence, son insensibilité à mon égard,
Une trahison inouïe, une cruauté inexcusable.

Aujourd'hui, les mots peinent à exprimer la douleur,
Le poids de ces souvenirs reste ancré en moi.
Ces souvenirs qui rognent tout sur leur passage,
Le pouvoir de ces hommes était trop grand et je n'étais qu'un pantin.

Au-delà de l'oubli

Au-delà de l'oubli, dans l'obscurité,
J'ai enfoui ce souvenir, ce fardeau pesant,
Cette douleur que mon esprit a voulu éviter,
Un abîme dans mon âme, un silence glaçant.

Après cette chose terrible, cette nuit d'horreur,
Mon esprit s'est éteint, ma mémoire a fui,
Comme une étoile mourante, sans chaleur, sans couleur,
Et j'ai caché cette vérité, ce secret enfoui.

Les jours ont passé, le temps a tout emporté,
Mais les cicatrices restent, invisibles à l'œil,
Mon cœur saigne encore, dans l'ombre, isolé,
Un cri étouffé, un chagrin sans pareil.

Pourtant, la vie continue, inexorablement,
Comme une rivière qui coule sans fin,
Et je marche, sans but, sans réellement,
Comprendre ce qui m'est arrivé, mon funeste destin.

Parfois, dans mes rêves, les souvenirs reviennent,
Comme des ombres qui hantent mes nuits,
Les images déformées, les voix qui résonnent,
Et je me perds dans ce tourbillon d'ennuis.

Pureté perdue

Une enfant qui était si pure,
Au cœur de la nuit, elle a subi une torture,
Par un monstre qui se cachait sous un masque de père,
Un sentiment de trahison qu'elle n'aurait jamais pu mesurer.

Le silence était son seul recours,
Le désespoir s'est emparé de son cœur,
Car nul n'entendait ses cris de détresse,
Et personne ne pouvait la libérer de ce supplice.

Cette enfant qui a été violée,
A dû subir le poids de ses erreurs,
Les souvenirs de ce cauchemar ne s'effaceront jamais,
Elle ne pourra plus jamais être la même.

Cette enfant qui a trop souffert,
Telle une fleur fanée,
Son innocence a été volée,
Et sa vie a été brisée

L'élégie d'un cœur brisé

La vie, un film, je suis sa spectatrice,
Témoin d'une scène tragique et fatale,
Mon père, cet homme, soudain s'agite,
Emballant mes affaires dans des sacs.

Le téléphone, lien d'espoir fragile,
J'ai appelé ma mère, confiante,
Mais sa panique a éclaté, hostile,
Interdiction formelle, angoissante.

Mon père enragé, nous a emmenés,
Pressé, nerveux, visage déformé,
Ma mère et mon beau-père, alarmés,
Sont venus me chercher, apeurés.

J'étais témoin de cette tragédie,
Mon père voulait frapper ma mère,
Mon beau-père s'est interposé avec vigueur,
Hurlant contre lui, dans une guerre.

Et puis, mon père, désespéré,
Ai monté sur le toit, prêt à sauter,
Un geste ultime, pour tout oublier,
J'étais là, impuissante, à le regarder.

Emmenée loin de lui, je me suis sentie,
Comme un monstre, coupable et perdue,
Le poids de la culpabilité m'a envahie,
Comme si je méritais la mort, mon salut.

J'étais une enfant, plus si innocente et pure,
Victime des choix des adultes en guerre,
Émotionnellement meurtrie, j'en suis sûre,
Mon cœur brisé, déchiré, dans une misère.

Ce film qui défile, cette tragédie,
Dans mon cœur d'enfant, a laissé une marque,
Une élégie pour un cœur meurtri,
Un cri silencieux dans l'obscurité sombre.

Le fardeau de la protection

Après le tumulte et l'effroi de la tentative de kidnapping,
Mon cœur ne ressentait plus rien, que du vide et de l'indifférence.
Ma mère m'a emmenée à l'écart, dans la salle de bain
Elle semblait paniquée et mal à l'aise, comme si elle avait des chaînes.

Elle m'a expliqué que je ne reverrais plus mon père alcoolique,
Qu'elle allait tout faire pour obtenir ma garde, que ce serait difficile
Elle a mentionné les tribunaux, les questions, les complications
Mais je ne ressentais rien, sauf l'envie de partir, de quitter cette situation.

Je l'ai prise dans mes bras, car elle avait besoin de réconfort
Mais c'était étrange, inversé, comme un échange de rôles
Je suis sa fille, je dois la protéger, la rassurer
Mais pourquoi est-ce à moi de faire ça, pourquoi devrais-je endurer ?

Je ne comprenais pas tout, je n'avais pas encore sept ans
Mais je sentais qu'il y avait quelque chose de brisé, de trop grand
Ma mère était vulnérable, elle avait besoin d'être soutenue
Mais comment pouvais-je le faire, moi si petite et perdue ?

Le futur semblait incertain, empli de doutes et de peurs
Mais pour l'instant, je ne ressentais que du vide, du manque de chaleur
Je n'avais plus de père, plus de ce monstre, juste un néant
Et je ne savais pas encore que cela durerait longtemps.

Je suis devenue une protectrice pour ma mère fragilisée
Mais je me sentais seule, perdue, dans une vie brisée
Et je me suis demandée pourquoi cela devait être ainsi.
Pourquoi la vie nous infligeait-elle ces épreuves, ces défis ?

Mais la réponse ne venait pas, juste un silence étouffant
Un monde sombre et effrayant, que je devais affronter en vivant
Un poème pour témoigner, pour exprimer la douleur
Et espérer trouver un jour un peu de bonheur.

L’amour inexplicable

L’enfant, le cœur confus, se questionne,
Pourquoi certains enfants détestent leurs parents ?
Quand ils les engueulent, pourquoi la rancune
S’installe et germe en rêves de départ ?

Moi, j’aime ma mère, si douce et gentille,
Jamais elle ne m’a donné raison de haïr,
Contrairement à mon père, ivre et débile,
Qui noie sa peine dans l’alcool à en rougir.

Pourtant, je ne ressens rien pour cet homme,
Aucune haine, ni même une once de rage,
Son indifférence m’enveloppe comme une brume,
Et je m’interroge sur cet amour sans âge.

Car l’amour filial est un mystère profond,
Qui échappe aux lois de la raison et de la logique,
Il transcende les mots, se tisse en un lien fécond,
Au-delà des erreurs, des failles et des critiques.

Ma mère, je l’aime d’un amour inconditionnel,
Comme une évidence, un lien indélébile,
Son cœur est mon refuge, mon abri éternel,
Sa tendresse m’enveloppe comme un voile paisible.

Mais mon père, c'est différent, je le reconnais,
Son absence, son indifférence, me laissent perplexe,
Je ne le déteste pas, mais je ne le comprends jamais,
Un étranger familier, un paradoxe complexe.

Et pourtant, je ne ressens aucune rancœur,
Car l'amour, parfois, défie toute raison,
Il est là, latent, dans mon cœur, avec douceur,
Malgré les blessures, les larmes et les trahisons.

Les chuchotements de l'inédit

Le monde est un océan, vaste et profond,
Où les enfants nagent, innocents, sans faute et sans bond.
Ils découvrent des merveilles, tout est neuf à leurs yeux,
Chaque chose est une première fois, une découverte heureuse.

Ils découvrent l'amour, timides et naïfs,
Sentiments incertains, mais doux comme le miel,
Ils chérissent leurs parents, leurs amis, leurs animaux de compagnie,
Leur cœur bat la chamade, tout semble être une symphonie.

Puis viennent les émotions plus difficiles, les premières colères,
Quand les caprices ne sont pas exaucés, les larmes amères,
Ils se sentent perdus, désorientés et se demandent pourquoi,
Les sentiments les envahissent, leur laissant un goût amer.

Les peines d'amour sont les plus douloureuses,
Ils découvrent que le cœur peut souffrir et être malheureux,
Ils pleurent, se lamentent, mais finissent par se relever,
Plus forts et plus sages, prêts à nouveau à aimer.

Le monde est un monde de premières fois pour les enfants,
Des expériences qui font d'eux ce qu'ils sont maintenant,
Mais comme l'océan, ils continuent de grandir et d'évoluer,
Dans un monde de premières fois, où chaque jour est une nouvelle aventure.

La quête d'identité en se meurtrissant l'âme, dans les méandres du possible : « L'adolescence »

Les masques de l'amitié

La rentrée des classes, jour de frayeur,
Inquiétude et stress, c'est l'heure,
De se faire des amis, de trouver sa place,
Mais les doutes assaillent, comme une menace.

Les cours s'enchaînent, les visages se figent,
On porte un masque, celui qu'on prodigue,
Pour se protéger, se fondre dans la masse,
Et espérer en secret une amitié qui s'amasse.

Les premiers jours sont lourds, pleins d'appréhension,
Les regards hésitants, les gestes en suspension,
Chaque mot pesé, chaque sourire étudié,
Dans cette quête d'amitié, un jeu délicat à jouer.

Mais petit à petit, les masques se brisent,
Les cœurs s'ouvrent, les âmes s'unissent,
Les rires éclatent, les confidences fusent,
Et l'amitié véritable s'épanouit, une étoile qui s'allume.

Les vrais amis, un trésor à chérir,
Dans ce monde parfois dur à conquérir,
Le petit trio se forme, solide et sincère,
Un refuge précieux, un lien à jamais à préserver.

Chacun est différent, avec sa propre histoire,
Des antithèses qui se complètent, sans déboire,
Les masques tombent, les vérités se révèlent,
Et l'amitié se consolide, fidèle et belle.

Il faut s'adapter, trouver sa place,
Dans ce nouvel univers, cette nouvelle classe,
Mais c'est dans la différence que naissent les liens,
Les masques tombent, les cœurs se tiennent la main.

Le stress et l'inquiétude s'estompent peu à peu,
L'amitié éclot, comme une fleur dans les cieux,
Et chaque jour est un trésor à partager,
Avec ces amis sincères, prêts à tout endurer.

L'échelle sociale de l'adolescence

Au lycée, au collège, l'échelle sociale s'élève,
Une hiérarchie complexe où chacun se rêve,
En haut de l'échelon, le pouvoir, la popularité,
Et la peur de ne pas trouver sa place, une anxiété.

Les regards scrutent, les jugements fusent,
Les groupes se forment, les alliances s'amusent,
Certains sont portés au sommet, comme des rois,
D'autres sont laissés dans l'ombre, dans les tourments de leur foi.

La peur s'installe, insidieuse et froide,
De ne pas être accepté, de rester dans les parois,
De l'échelle sociale qui se dessine sous leurs yeux,
Et d'être relégué, oublié, comme un oiseau malheureux.

Les masques se portent, les sourires s'affichent,
Les discours sont étudiés, les comportements s'équilibrent,
Car il faut se conformer, jouer un rôle, se plier,
Pour ne pas être rejeté, pour ne pas se laisser piéger.

Les métaphores de la vie sociale sont cruelles,
Comme un étau qui serre, qui étouffe, qui interpelle,
Les antithèses se dessinent, entre le rire et les larmes,
Entre l'ombre et la lumière, entre les rêves et les alarmes.

Les cliques se forment, les étiquettes se collent,
Et la solitude pèse, comme une chape qui décolle,
Les amis sont rares, les regards sont méfiants,
Et l'échelle sociale, une épreuve qui déchante.

Mais la vraie richesse ne se mesure pas en hauteur,
Elle réside dans les cœurs purs, dans les valeurs,
Dans l'authenticité, la générosité, la loyauté,
Et non dans les apparences, les faux-semblants, les superficialités.

Car l'échelle sociale, si éphémère et fragile,
Peut s'effondrer, laissant place à une réalité fertile,
Où chacun peut trouver sa place, sa voie,
Sans se conformer aux normes d'une société étroite.

Une trinité d'âmes sœurs

À l'école, nous étions trois, si différentes,
Trois âmes sœurs, une amitié si puissante,
Comme un feu sacré qui brillait dans l'obscurité,
Unies par les liens indéfectibles de la fraternité.

Trois filles, aux caractères distincts et uniques,
Trois univers, trois mondes, trois musiques,
Mais dans cette diversité, une harmonie se créait,
Car notre amitié était forte, elle ne pouvait se briser.

Comme un arc-en-ciel aux couleurs chatoyantes,
Nous étions ensemble, malgré nos différences criantes,
Et je m'adaptais toujours, avec amour et dévotion,
Aux nuances de leurs tempéraments, sans aucune réticence.

Comme un chœur, nous chantions à l'unisson,
Nos voix se mêlaient en une douce mélodie,
Chacune apportant sa note, son timbre, sa passion,
Une symphonie d'amitié, une symphonie de vie.

Nos métaphores de l'amitié étaient multiples,
Comme des étoiles qui scintillent dans le ciel,
Chacune brillant de sa propre lumière, son propre éclat,
Mais ensemble, formant une constellation d'amour éternel.

Les antithèses étaient présentes, mais elles nous renforçaient,
Nos différences étaient complémentaires, elles nous enrichissaient,
Car dans cette trinité d'âmes sœurs, nous nous reconnaissions,
Dans nos qualités, nos défauts, dans chaque parcelle de notre être, sans condition.

Nous étions un trio fusionnel, inséparable,
Unies par des souvenirs, des rires, des larmes mémorables,
Nous traversions les épreuves, les joies, les peines,
Avec la certitude que notre amitié serait toujours la même.
Malheureusement, il arrive parfois que les chemins de l'amitié soient forcés de se séparer, avec haine.

L’amour voilé, une amitié déguisée

Un jour, sans même m’en rendre compte,
J’ai rencontré celle qui allait devenir mon tout,
Mon premier amour, un amour voilé,
Déguisé en amitié, mais d’une beauté inégalée.

Elle était une de mes deux meilleures amies,
Nous étions proches, complices, en harmonie,
Mais son regard, son sourire, son toucher,
Me faisaient frémir, m’envahissaient de doux secrets.

Je me suis adaptée à elle, par amour,
Pour ne pas la déranger, perturber son jour,
Comme une ombre, je suivais ses pas,
Sans jamais révéler ce que je ressentais tout bas.

Elle me considérait comme sa sœur,
Une relation forte, un lien de cœur,
Mais moi, mon cœur battait différemment,
Un amour caché, secret, ardent.

Je me dissimulais derrière un masque,
Masquant mes émotions, mes désirs,
Car je craignais de la perdre, de la blesser,
De briser cette amitié si belle, si sincère.

J'étais tiraillée entre l'amour et l'amitié,
Entre le dire et le taire, dans cette dualité,
Comme une équilibriste sur un fil tendu,
Naviguant entre l'évidence et l'inconnu.

Mais le temps passa, et mon amour grandissait,
Comme une fleur fragile, elle s'épanouissait,
Mon cœur débordait d'émotions, de passions,
Et mon silence devenait une lourde oppression.

Je me noyais dans mes propres tourments,
Comme une étoile filante dans l'obscurité,
J'étais déchirée entre mon cœur et ma raison,
Entre la vérité et la peur de perdre cette belle relation.

Les métaphores dans mon esprit s'entremêlaient,
Comme un labyrinthe dont je ne trouvais pas la clé,
Car mon premier amour était une énigme,
Un puzzle complexe, une émotion qui m'enflamme.

Les antithèses se confrontaient en moi,
L'amour et l'amitié, la passion et la raison,
Je me sentais perdue, écartelée entre deux mondes,
Deux sentiments puissants, deux chemins qui se frondent.

L’obscurité de l’homophobie

L’homophobie, cette ombre sinistre,
Un fléau qui blesse, qui lacère, qui persiste,
Une sombre réalité, une injustice implacable,
Un poison qui s’infiltre, sournois et détestable.

J’avais peur, peur d’être jugé,
De subir les regards, les mots acérés,
De me cacher, de me taire, de me plier,
Sous le poids de la haine, de l’intolérance, de l’ignorance érigée.

Ma sexualité, un crime aux yeux de certains,
Un motif de rejet, de discrimination, de chagrin,
Les préjugés, les stéréotypes, les idées reçues,
Qui m’enfermaient dans une cage, m’étaient odieux.

Je rêvais d’un monde où l’amour serait libre,
Où les différences seraient acceptées, sans être livres,
Où chacun pourrait aimer, sans peur ni honte,
Sans subir les injures, les violences, les affronts.

Mais l’obscurité de l’homophobie persistait,
Comme un nuage sombre qui planait,
Elle frappait, blessait, tuait,
Une réalité qui me bouleversait.

Les métaphores s'imposaient pour décrire cette douleur,
Comme une lame qui transperce mon cœur,
Comme un poids sur ma poitrine, une étreinte étouffante,
Comme un cri muet, une souffrance accablante.

Les antithèses se confrontaient, se heurtaient,
L'amour et la haine, la tolérance et la honte,
La liberté et la discrimination, la joie et la peine,
Un combat intérieur, une lutte qui me monte.

Car chaque vie perdue, chaque rêve brisé,
Chaque cri étouffé, chaque amour muselé,
Était une tragédie, une injustice insoutenable,
Qui me touchait profondément, me rendait vulnérable.

Au-delà des ombres, l'acceptation de soi

Au cœur de la nuit sombre et profonde,
Les LGBT+ cherchent leur place, leur onde,
Ils voguent dans un océan d'incertitude,
Recherchant l'acceptation, l'amour, la quiétude.

Le chemin pour s'accepter soi-même est tortueux,
Semé d'embûches, de doutes, d'angoisses creux,
La société, les normes, les préjugés oppressants,
Créent des ombres qui étouffent, qui sont pesantes.

Les regards désapprobateurs, les mots tranchants,
Les jugements hâtifs, les regards méprisants,
Comme des chaînes invisibles, emprisonnent les cœurs,
Les empêchant de s'épanouir, de goûter au bonheur.

Les masques se portent, les secrets se cachent,
Les identités se refoulent, les espoirs se fanent,
Les peurs s'immiscent, les larmes coulent en silence,
Dans cette lutte intérieure, sans réelle défense.

Les métaphores s'imposent pour exprimer cette douleur,
Comme un poids sur les épaules, une brume sans couleur,
Comme un miroir brisé, reflétant des morceaux éparpillés,
Comme un cri étouffé, une identité bafouée, un soi mutilé.

Les antithèses se confrontent, se débattent,
L'acceptation de soi et le rejet de l'autre, une dualité qui éclate,
Le besoin de se montrer vrai, authentique, unique,
Et la peur d'être rejeté, jugé, critiqué, telle une relique.

L'amour ne devrait pas avoir de frontières,
Il ne devrait pas être jugé, restreint, mis en arrière,
Il devrait être libre, pur, sans limites, sans barrières,
Qu'importe le genre, l'orientation, la couleur de la peau, la manière de se taire.

La lourdeur des souvenirs

Les souvenirs mauvais de l'enfance,
Qui hantent mes jours et mes nuits,
Me suivent sans jamais que je puisse,
Les perdre, les oublier, enfin les fuir.

Mon père qui me battait,
Le viol que j'ai subi un jour,
La tentative de suicide qu'il a fait,
Lorsqu'il était sur le point de me perdre pour toujours.

Le harcèlement à l'école primaire,
Qui a laissé des cicatrices en moi,
Et qui me hante, me fait taire,
Tous ces souvenirs qui me noient,
Et qui me font pourtant me sentir si vide à la fois.

Les flashbacks terribles, les cauchemars,
Me poursuivent partout, sans répit,
Des larmes coulent sur mes joues blanches,
Je voudrais oublier, mais je ne peux pas fuir.

Je me sens perdue, seule et abîmée,
Par tous ces souvenirs qui m'assaillent,
Je voudrais être libérée,
Mais je reste là, figée, immobile.

Je voudrais tourner la page, avancer,
Me débarrasser de ces chaînes qui me retiennent,
Et enfin pouvoir respirer,
Un air pur, frais et serein.

L'effacement de l'âme

L'effroi m'a frappée dans mon enfance,
Un viol qui a semé le silence,
Mon cerveau a cherché l'effacement,
Pour masquer cette douloureuse offense.

Mes souvenirs se sont évanouis,
Mon esprit a fermé ses yeux éblouis,
Pour ne plus voir cette nuit cauchemardesque,
Comme un réflexe de survie pitoyable.

Pourtant, en moi, une absence s'est creusée,
Une blessure qui jamais ne s'est refermée,
Les ténèbres ont voilé ma vérité,
Laissant mon âme égarée, tourmentée.

J'ai cherché à oublier, à ignorer,
Mais cette douleur n'a cessé de m'assaillir,
Comme une ombre noire, elle est restée,
Un fardeau lourd à porter, à subir.

Mon esprit a cherché l'oubli,
Mais mon cœur saigne en silence,
L'innocence perdue, la confiance trahie,
Mon âme en deuil, en quête d'espérance.

Les jours passent, les années s'enfuient,
Mais la plaie reste béante, impérieuse,
Les souvenirs ressurgissent, même si je les avais enfouis,
Telle une douleur tenace, insidieuse.

Je peine à comprendre, à accepter,
Ce qui m'est arrivé dans mon innocence,
Mon esprit est en deuil, égaré,
En quête de vérité, de résonance.

Le temps s'est écoulé, mais la blessure,
Reste gravée au plus profond de mon être,
Mon âme élégiaque cherche une clôture,
Pour apaiser cette douleur, peut-être.

Vies gâchées

Je me sens si seule dans ce monde cruel,
Le monde qui me vole mes plus doux rêves.
Des viols trop nombreux qui m'ont pris mon innocence,
Et m'ont laissé avec un vide sans fin.

Je me sens si vulnérable et si fragile,
Mes espoirs et mes rêves ont été brisés.
Par des mains qui se sont emparées de mon corps,
Et qui m'ont volé mon âme et mon âge.

Je me sens si désespérée et abattue,
Le monde me juge bien trop tôt.
Car j'ai enduré un supplice qui s'est soldé par la peur,
Et qui m'a laissé avec des souvenirs amers.

Je me sens si en colère et si triste,
Car ce qu'ils m'ont fait n'est pas juste.
Je me sens si enragée et si perdue,
Le monde qui m'entoure m'oppresse chaque jour.

Je me sens si impuissante et si démunie,
Face à ces maux qui m'ont pris mon innocence.
Mes espoirs et mes rêves ont été anéantis,
Et les viols trop nombreux ont eu leurs conséquences.

À eux aussi

Un crime si cynique, un deuil si profond
Les garçons aussi sont victimes de viols
Mais la plupart du temps, leur souffrance est tue
Car leur honte est trop grande pour être révélée.

Dans leurs cœurs, une douleur indicible
Dans leurs âmes, un sentiment d'injustice
Leur vie est brisée par ces actes horribles
Et pourtant, personne ne parle de ces viols

Trop souvent, leurs pleurs sont restés sans écho
Trop souvent, personne ne s'en est soucié
Leurs histoires sont oubliées, restent invisibles
Et personne ne sait leur terrible souffrance.

Les garçons aussi sont victimes de viol
Mais la plupart du temps, leur douleur est tue
Leur honte est trop grande pour être révélée
Et jamais leur histoire ne sera entendue.

Le poids de la vie

Dans l'obscurité de l'âge tendre,
Une épreuve s'annonce sans attendre,
Une grossesse qui effraie et blesse,
Et la peur de l'avenir qui presse.

Perdue, elle se sent seule et incomprise,
Dans un monde qui la juge et la méprise,
Elle se débat, elle cherche une issue,
Face à ce choix qui lui paraît absolu.

Que faire quand l'avenir se voile,
Quand le poids de la vie la broie,
Quand l'angoisse l'emporte et la noie,
Et que ses rêves de jeune fille s'effondrent en étoile ?

Elle doit faire face à la réalité,
Prendre une décision avec maturité,
Même si elle ne sait pas où aller,
Même si elle ne sait pas quoi penser.

Les regards des autres la condamnent,
Elle se sent seule, ils la blâment,
Et même ses parents, la rejettent,
La laissant seule, dans sa peine qui la guette.

Les battements de l'amour

Dans l'ombre des silences, des cœurs en émoi,
S'élève un cri étouffé, un secret qui se déploie,
L'adolescent se tient, le cœur rempli d'effroi,
Le temps est venu de faire entendre sa voix.

Le coming out, chemin parsemé d'angoisses,
Un voyage intérieur où se brisent les fausses cloches,
Le jeune cœur palpite, le doute se fait fosse,
Tout en lui se débat, entre peur et encre atroce.

Dans les méandres des regards, le jugement rôde,
La crainte d'être rejeté, de vivre en période,
Les parents, les amis, une toile à détricoter,
La balance de l'acceptation, prête à basculer.

Mais l'adolescent est fort, sa flamme s'embrase,
Il refuse l'oppression, le poids des phrases,
Il se dresse, audacieux, malgré les tempêtes,
Car sa vérité est belle, et elle est faite.

Il abat les murs, brise les chaînes d'acier,
Affronte les regards, l'incompréhension, l'insensé,
Il se découvre enfin, libre de tout cachet,
Un arc-en-ciel éclatant dans un monde désenchanté.

Car l'amour est sans frontières, il transcende les codes,
Il brise les barrières, renverse les interdits, les modes,
Et dans cette lutte intime, la force se déploie,
L'acceptation se bâtit, érigeant la vérité en roi.

L’odyssée intérieure de l’adolescent

Dans les méandres de l’adolescence éthérée,
Nous cherchons, éperdus, la voie à trouver,
Dans l’obscur dédale des doutes et des peurs,
Nous éveillons nos âmes, cherchant nos couleurs.

Tel un pèlerin égaré dans le crépuscule,
Nos esprits tourmentés cherchent leur module,
Les questions, innombrables, nous envahissent,
Comme des échos lointains, des murmures en abysses.

Qui suis-je au fond de cet univers inconnu ?
Un être perdu, à la recherche devenu,
Mes pensées, tumultueuses, dansent en cadence,
Entre rêves brisés et réalités en balance.

Je me mire dans le miroir de l’incertitude,
Les murs de mon être sont remplis de turpitudes,
Quelle est ma place au sein de ce monde étrange ?
Un acteur déchu sur une scène en constant changement.

Je sonde les profondeurs de mon être intérieur,
Cherchant la lueur dans les ténèbres, la clarté dans l’erreur,
Des masques se dessinent, des identités se brouillent,
Dans cette quête perpétuelle où les vérités s’annulent.

Entre ombre et lumière, je cherche à comprendre,
Les multiples facettes de mon être à appréhender,
Je me tisse un chemin à travers les contradictions,
À la recherche d'une identité en ébullition.

Telle une fleur éclose dans la noirceur du doute,
Je puise en moi la force de faire route,
Je transcende les limites, brise les carcans,
Je deviens le maître de mes propres éclats.

Dans chaque larme versée, dans chaque rire éclatant,
Je trouve les fragments de mon être transcendant,
Les cicatrices du passé sont autant de repères,
Qui sculptent ma personnalité, tels des stigmates éphémères.

Dans ce voyage tourmenté vers l'horizon incertain,
Je me forge une identité, un être qui sera mien,
Car l'adolescence est le creuset où naissent les étoiles,
Où se dessine l'essence de nos destins sans voile.

Alors que le temps s'écoule, inexorable et fugace,
Je saisis chaque instant, chaque souffle qui passe,
Je m'abreuve des expériences, des erreurs et des succès,
Car c'est ainsi que je grandis, que je deviens qui je suis.

L’internat des âmes liées

Dans un lycée au charme sombre et mystérieux,
Où les pierres gardent en elles des secrets précieux,
Nous vivons, mes amies et moi, dans cet internat,
Un monde à part où le temps s’étire en éclats.

Nous sommes différentes, chacune à notre façon,
Mais unies par un lien profond, sans déraison,
Le lycée est notre refuge, notre havre de paix,
Où nous forgeons des souvenirs qui jamais ne se taisent.

Les murs de pierre, témoins silencieux de nos vies,
Abritent nos espoirs, nos peurs, nos envies,
Chaque chambre est un sanctuaire d’intimité,
Où nous laissons échapper nos rêves étoilés.

Parfois, la cohabitation devient un défi,
Nos caractères s’affrontent, nos différences défient,
Mais nous trouvons toujours un terrain d’entente,
Dans le respect mutuel, sans laisser de place à la méfiance.

Dans cet internat, nous grandissons ensemble,
Tissant des liens solides, impérissables, qui ressemblent
À des fils invisibles qui nous lient le cœur,
Nous soutenant les unes les autres, dans la douleur.

Les nuits sont peuplées de confidences murmurées,
Sous le voile de l'obscurité, nos secrets partagés,
Nous nous connaissons mieux que quiconque au monde,
Et chacune sait que dans cet internat, elle est seconde.

Les jours passent, les années s'écoulent sans répit,
Mais notre amitié reste immuable, infinie,
Car dans cet internat, nous avons trouvé,
Un soutien inébranlable, une famille choisie.

Que le lycée soit de pierre sombre et figée,
Il est illuminé par les éclats de nos rires partagés,
Et dans ce poème sombre, une lueur d'espoir brille,
Car nous sommes ensemble, unies, et cela suffit.

Un tableau vivant

Dans l'enceinte de ces murs, lieu de rencontres intenses,
Là où l'internat se mue en un nid de résilience,
Nous avons formé un groupe d'amis solidaires,
Unis dans nos différences, loin des frontières.

Au lycée, ce théâtre où se joue notre destin,
Nous avons tissé des liens, des fils d'airain,
Malgré les heurts et les conflits qui s'élèvent,
Notre amitié, telle une étoile, ne cesse de briller de mille feux.

Parfois, les mots s'entrechoquent dans la cacophonie,
Les désaccords éveillent les ombres de l'harmonie,
Mais au-delà des discordes, des frictions qui grondent,
Nous gardons en nos cœurs une amitié profonde.

Chacun de nous est porteur de son propre bagage,
Des rêves, des peines, des espoirs en partage,
Et dans les méandres de nos existences entremêlées,
Nous nous épaulons, guettant les éclats d'éternité.

Tel un puzzle aux pièces multiples et variées,
Nous formons ensemble une œuvre singulière et liée,
Chacun apporte sa couleur, son éclat unique,
Dans ce tableau complexe où l'amitié se pique.

Comme les branches d'un arbre enchevêtré,
Nous nous étendons, solides, malgré les tempêtes,
Les racines de notre amitié puisent dans le sol,
Les forces nécessaires pour affronter les épreuves qui défilent.

Parfois, les rires résonnent, éclats de pure joie,
Dans la cour, les couloirs, un écho qui se déploie,
Mais derrière les sourires, des larmes peuvent couler,
Car la vie, parfois sombre, nous rappelle sa cruauté.

Dans les moments de doute, de tristesse ou de peine,
Nous nous serrons les uns contre les autres, gardiens des chaînes,
Et dans nos bras ouverts, un refuge se dessine,
Où les souffrances se partagent et se déclinent.

Au fil des années, nos chemins se dessineront,
La vie nous séparera, nous dispersera de fond en comble,
Mais notre amitié restera gravée, telle une marque éternelle,
Un lien indéfectible, au-delà des frontières du temps.

L’écho de la déception

Dans l’étreinte de l’amitié, fragile équilibre,
Une complice se lève, devient ombre sinistre.
Jadis nos cœurs unis, liés par la confiance,
Mais l’amitié brisée, cède à l’ignorance.

Son regard autrefois, étoile bienveillante,
S’égare dans les ténèbres, en trahison galante.
J’ai tendu ma main tendre, offert mon âme pure,
Mais elle m’a trahie, sa cruauté m’enserre.

Je me rappelle encore, de nos rires partagés,
Des secrets murmurés, des instants privilégiés.
Mais l’orage est venu, a déchiré notre lien,
Et mon cœur saigne encore, blessé par le chagrin.

Je ne comprends pas, pourquoi ce virage amer,
Pourquoi notre amitié a succombé à la mer.
Je ne voulais que l’aider, être son soutien,
Mais elle m’a rejetée, m’a traitée de rien.

Dans ses yeux, j’ai vu l’abîme, la haine brûlante,
Elle voulait me détruire, me frapper, me tourmenter.
Je ressens le vide, le silence oppressant,
Et la peine infinie d’un lien tristement brisé.

Je cherchais le réconfort, la solidarité,
Mais elle m'a abandonnée, meurtrie de l'intérieur.
Les mots acérés ont transpercé mon être,
La douleur m'enveloppe, plongeant dans la noirceur.

Les promesses se sont envolées, sans laisser de traces,
Et l'amitié perdue me hantera dans mes traces.
Les ombres de notre passé se dissipent dans l'oubli,
Et je pleure ce qui fut, cette amitié meurtrie.

Les rêves s'évaporent, comme des bulles fragiles,
Et je me retrouve seule, en quête d'un miracle.
Mais je guérirai lentement, panserai mes blessures,
Et je trouverai la force d'aller vers d'autres aventures.

Échos de l’interdit

Dans l’ombre des adolescences troublées,
Se révèlent des chemins imprévus,
Là où se cachent des vices insensés,
Cigarettes, joints, l’alcool au goût perdu.

Les jeunes âmes cherchant à s’affirmer,
Sont tentées par les brumes obscures,
Aux saveurs amères qui les enflamment,
Engloutissant leur innocence pure.

Tel un labyrinthe aux recoins cachés,
Leurs yeux s’ouvrent sur un monde interdit,
Les secrets dissimulés, les désirs éthérés,
Les voilà attirés vers l’inconnu impuni.

Les cigarettes, telles des braises ardentes,
Sont fumées avec une fausse assurance,
Comme des échos de rêves insouciants,
Qui mènent à une sombre déchéance.

Les joints, tissant des liens illusoires,
Distillent l’ivresse dans leurs jeunes veines,
Une échappée fugace vers l’illusoire,
Une danse avec les ombres incertaines.

L'alcool, un élixir aux reflets trompeurs,
Noie les chagrins et les angoisses enfouies,
Mais laisse derrière lui des traces de douleurs,
Une ivresse artificielle, une illusion de vie.

Ils naviguent dans ce monde sombre et brumeux,
En quête d'une identité à construire,
Mais parfois l'éclat se confond aux ténébreux,
Et leur élan se perd dans les souvenirs.

Leurs cœurs oscillent entre l'ombre et la clarté,
Déchirés par la dualité des choix,
La quête d'une identité bien méritée,
Se mêlant aux tourments des premières croix.

Dans ces moments troubles, ils cherchent le sens,
Entre les métaphores et les antithèses,
Ils gravent les maux et les expériences,
Sur les stèles de leur jeunesse malheureuse.

Les échos joyeux des nuits sans fin

Dans les nuits profondes d'adolescence insouciante,
Un groupe d'amis, une troupe flamboyante,
Nous réunissons nos cœurs, nos esprits en liesse,
Dans l'ombre des soirées, nos vies s'entrelacent.

Les rires fusent, échos de nos jeunes âmes,
Comme des lucioles dansant sur une trame,
Nous échappons aux chaînes de la réalité,
Au gré de nos envies, libres de tout péché.

Dans l'éclat des regards, des sourires échangés,
Nous brisons les barrières, sans nous soucier,
Des conventions imposées, des masques polis,
Car ensemble, nous trouvons notre paradis.

Parfois, l'alcool vient caresser nos lèvres,
Un breuvage amer qui endort nos trêves,
Il distille l'audace, délie nos langueurs,
Mais n'est qu'un masque éphémère de nos peurs.

Car l'essence de notre complicité réside,
Dans la confiance pure, sans artifice,
Ces soirées ne sont qu'un reflet d'amitié,
Qui vibre en nos cœurs, sans besoin d'ivresse.

Nous découvrons la vie, ses sentiers tortueux,
À travers ces instants, ses détours précieux,
Les secrets partagés, les confidences murmurées,
Tissent un lien sacré, une amitié préservée.

Dans ces nuits sans fin, nous grandissons ensemble,
Cherchant notre chemin parmi les étoiles tremblantes,
Nous forgeons notre identité, notre essence unique,
Enivrés de la vie, des rencontres magnifiques.

Et quand les étoiles pâlissent, que l'aube se lève,
Nous quittons ces soirées, nos âmes en liesse,
Emportant avec nous l'écho de ces instants,
Les souvenirs gravés au plus profond de nos temps.

Ainsi, dans la noirceur, la lueur de l'amitié guide,
Nos pas incertains sur le chemin de nos vies,
Et même sans l'ivresse, nos cœurs s'enflamment,
Dans ces soirées d'adolescence, souvenirs éternels, ô belles flammes.

Les tragédies silencieuses

Dans l'ombre des âmes meurtries, le poème s'élève,
Pour toucher les cœurs brisés et ceux qui portent le deuil,
Un chant mélancolique, triste et sombre,
Pour dévoiler la réalité, sans fard ni détour.

Dans les rues silencieuses, les adolescents s'étiolent,
Leurs sourires effacés, leurs espoirs délavés,
L'automutilation, comme une cicatrice profonde,
Un cri silencieux, une douleur qui abonde.

Les lames caressent leur peau délicate,
Les secrets dissimulés sous des manches longues,
Les cicatrices invisibles, témoins de leur mal-être,
Une danse macabre, un ballet de détresse.

Les mots trahissent leurs pensées inavouées,
Les silences lourds, les regards évités,
Des pleurs en silence, noyés dans l'obscurité,
Des esprits en détresse, en quête de liberté.

La solitude les enveloppe comme un voile noir,
Les cœurs meurtris cherchent désespérément l'espoir,
Mais dans l'abîme de leurs tourments,
Ils trouvent refuge dans le néant.

Les heures sombres s'étirent sans fin,
La mort murmure ses chants assassins,
Mais au milieu des ténèbres, une lueur s'allume,
Un appel à l'aide, un cri qui résonne.

Au-delà des regards

Dans l'ombre du regard, l'âme se perd,
Le harcèlement, poison de nos vies,
Trop souvent, il frappe, sans se faire prier,
Sur nous, adolescents, il jette son défi.

Il prend différentes formes, sournois, perfide,
Il cible notre être, notre essence même,
Poids, sexe, sexualité, physique aride,
Les flèches de la haine, autant de problèmes.

Les mots, tels des lames, percent notre cœur,
Les regards méprisants, une pluie glaciale,
Nous plongeant dans un abîme de douleur,
Où l'estime de soi devient une bataille.

Le poids de nos corps devient une cible,
Chaque courbe jugée, chaque gramme de trop,
La beauté imposée, normes indéchiffrables,
Un idéal illusoire, un fardeau trop gros.

Le genre nous dicte son implacable loi,
Imposant des limites, des rôles assignés,
Les cases étroites, une prison pour nos choix,
Bravant les préjugés, pour s'affirmer.

La sexualité, sujet de tous les tabous,
Dans un monde qui se refuse à comprendre,
Les regards malveillants, les mots assassins,
Nous enferment, nous blessent, nous font nous méprendre.

Notre apparence, telle une cible vulnérable,
Les moqueries fusent, laissant des cicatrices,
Le reflet dans le miroir, image insupportable,
La détresse s'installe, silencieuse complice.

Au rythme des battements

Dans les couloirs du lycée, l'amour s'épanouit,
Dans les cœurs adolescents, il se noue et grandit.
Des regards furtifs, des sourires timides,
Les amours de lycée, si tendres, si avides.

Dans l'ombre des salles de classe, ils se découvrent,
Les émotions frissonnent, les cœurs se révèlent.
Entre rires complices et palpitations intenses,
Les amours naissants, une douce effervescence.

Certains s'entrelacent, unis comme des échos,
D'autres s'éloignent, brisant des rêves si beaux.
Les passions tourmentées, les peines déchirantes,
Les amours de lycée, sources de tourment.

Il y a ceux qui s'abandonnent corps et âme,
Prisonniers des sentiments, d'une flamme qui les enflamme.
Les nuits blanches à rêver, les murmures secrets,
Les amours brûlantes, aux désirs inavoués.

Puis viennent les déchirements, les adieux amers,
Les illusions évanouies, les cœurs en hiver.
Les mots qui blessent, les larmes qui coulent,
Les amours éphémères, comme des vagues qui déroulent.

Mais parfois, au milieu des décombres des cœurs,
L'amour résiste, déploie ses ailes et sœurs.
Des âmes s'unissent, un amour pur et vrai,
Les amours de lycée, une chance à saisir.

Pourtant, dans ce tourbillon, l'amour est fragile,
Il peut se briser, laissant des cicatrices subtiles.
Il faut être vigilant, protéger les blessés,
Les amours de lycée, il faut les préserver.

Les amours de lycée, si intenses, si beaux,
Sont des leçons de vie, des récits de la peau.
Car la jeunesse est fragile, en quête de repères,
L'amour peut guider ou détruire sans prévenir.

Les jeux du cœur, entre joie et mélancolie

Dans les après-midi d'antan, nos cœurs s'envolaient,
Au lycée, amis réunis, la vie s'illuminait.
Mercredis complices, instants de liberté,
Jeux et rires insouciants, sans jamais s'arrêter.

Là, au creux des heures, entre les murs de l'école,
S'élevait un univers où nos rêves s'affolent.
Tel un tableau vibrant, aux couleurs chatoyantes,
Nous dansions sur la toile, ivres de nos instants.

La réalité s'effaçait, laissant place à l'éphémère,
Les tracas du quotidien, nos âmes s'en délièrent.
Dans cet espace suspendu, tout était permis,
Chaque instant était unique, précieux, infini.

Les jeux de l'esprit, les mots qui s'entrelacent,
Un kaléidoscope d'émotions, une danse audacieuse.
La joie se mêlait à l'ombre, une antithèse parfaite,
Car la douceur de l'instant abritait parfois des défaites.

Derrière les éclats de rire, se cachaient des blessures,
Des cœurs fragiles, brisés parfois par l'aventure.
Mais l'amitié, fidèle compagne, essuyait nos larmes,
Nous réunissait, solidaires, dans chaque drame.

Les après-midi passaient, fugaces et précieux,
Et l'horloge implacable sifflait la fin des jeux.
Mais ces souvenirs gravés en lettres de feu,
Dans nos cœurs restent ancrés, pour l'éternité.

L’académie des tourments

Dans l’enceinte austère des murs d’école,
S’érige une arène où règne la parole,
Le triste ballet des cours asservis,
Où se tissent les maux d’une vie.

La cloche retentit, l’écho se répand,
Et les âmes enchaînées prennent leur élan,
Sur les bancs de bois, lourds de pression,
Se dessine l’ombre d’une obsession.

Les mots se font cris, les lettres oppressent,
Le savoir impose son fardeau sans cesse,
Chaque évaluation devient un défi,
Un instant suspendu où tout se fige ici.

La plume frémit, s’agite sur le papier,
Les idées se bousculent, cherchant l’éclair,
Les connaissances s’amoncellent en masse,
Et l’angoisse grandit sous le poids des classes.

Les équations s’entrelacent en énigmes,
Les formules deviennent des abîmes,
Les mots s’emmêlent dans une danse macabre,
Et les chiffres tissent un voile funèbre.

Le temps s'écoule, implacable tyrannie,
Les heures filent, emportant l'insouciance,
Le stress étreint les cœurs en détresse,
Dans l'ombre des cahiers, germe la détresse.

Les cours s'enchaînent, implacables et froids,
Des connaissances à assimiler sans émoi.
Les évaluations, épées suspendues,
Sur nos têtes, menaçantes, elles ont pris l'habitude.

Chaque jour, une nouvelle bataille,
Où la réussite est notre seul graal.
Nous nous noyons dans un océan de chiffres,
Les formules nous happent, les mots s'étouffent dans les gémissements d'un soupir.

La compétition règne en maître implacable,
Un jeu cruel où les faibles sont vulnérables.
La course effrénée vers la perfection,
Sème l'angoisse et la confusion.

Les nuits blanches se succèdent sans fin,
Les esprits épuisés cherchent un refrain.
La lumière de la connaissance devient cruelle,
Quand l'épuisement frappe, la chute est telle.

Les feux de l'adolescence

Dans l'éclat des jours d'adolescence,
S'épanouissent mille passions en errance,
Comme des flammes qui cherchent à briller,
Dans l'obscurité de l'âme, à s'éveiller.

Les jeunes cœurs, avides de découvrir,
Parcourent le monde, avançant sans faillir,
À la recherche de cette flamme intérieure,
Qui les guidera vers leur voie, leur nature.

Tel un ciel étoilé, infini et vaste,
Les passions naissent, grandissent et contrastent,
Dans l'océan des rêves, elles se déploient,
Chacune portant en elle un écho de joie.

Certains sont épris du chant mélodieux,
De notes envoûtantes, d'accords harmonieux,
La musique, telle une voix intime,
Les emporte au-delà des tristes abîmes.

D'autres se perdent dans les mots et les vers,
Écrivant leur âme en prose et en mystères,
La poésie devient leur refuge secret,
Où les émotions s'expriment sans regret.

Il est ceux qui se laissent envoûter,
Par les couleurs et les toiles dévoilées,
La peinture devient leur langage muet,
Pour exprimer l'inexprimable, le caché.

Certains se lancent dans le monde du sport,
Là où leur énergie trouve son rapport,
Sur les terrains, les pistes, ils s'épanouissent,
Cherchant la force et l'adrénaline qui nourrissent.

La danse, elle aussi, a ses adeptes,
Des corps qui se meuvent, gracieux et preste,
Les mouvements racontent une histoire,
Où l'expression devient pure victoire.

Chacun trouve sa voie, son univers,
Dans cette quête où les passions sont revers,
Et pourtant, dans ce flot tumultueux,
Des ombres menaçantes se dressent, silencieuses.

La société impose ses jugements,
Sur ce qui est digne d'éloges ou de tourments,
Les passions différentes sont moquées,
Et les jeunes cœurs se retrouvent blessés.

Entre peur et découverte

Dans l'intimité des corps, un voyage incertain,
Les premières fois, un pas dans l'inconnu teint,
Un mélange de désir et de peur qui s'entremêle,
Lorsque le sexe éveille nos âmes rebelles.

La question tourmente l'esprit, s'insinue en silence,
Quand est venu le moment d'une telle alliance ?
La crainte d'une douleur, d'un abandon consenti,
De confier son corps à l'autre, en cette nuit.

Les attentes se mélangent, les doutes s'installent,
Le cœur bat la chamade, l'angoisse nous brûle,
Les corps frémissants, avides de découverte,
Mais aussi vulnérables, cherchant à être protégés.

Une danse d'émotions, un équilibre fragile,
Entre plaisir et appréhension, l'amour s'habille,
La confiance se forge, lentement, tendrement,
Avant que deux êtres ne deviennent un seul moment.

Les gestes hésitants, les souffles retenus,
Chaque caresse, chaque baiser est suspendu,
Le corps s'abandonne, se livre sans détour,
Tandis que l'âme s'élève, vibrant d'amour.

Mais la réalité s'invite, sans compromis,
La perfection illusoire s'évanouit, assombrie,
Car la vie ne se plie pas à nos fantasmes,
Et le sexe n'est pas toujours un conte de schisme.

Il faut écouter son corps, ses désirs, ses limites,
Respecter ses choix, ne pas céder à la fuite,
Savoir dire non quand le moment n'est pas venu,
Car notre bien-être doit être toujours prévu.

L'écorchée du miroir

Dans le miroir, je cherche mon reflet,
Mais les contours se brouillent, je ne peux accepter,
Ce corps imparfait, jugé sans pitié,
Les normes tyranniques qu'on m'a imposées.

Je scrute chaque courbe, chaque imperfection,
Dans cette quête vaine de la perfection,
La société dicte ses lois, ses règles,
Et mon estime de moi sombre et se dérègle.

On me vend des images, des idéaux inaccessibles,
Un mirage illusoire, un rêve impossible,
Je me compare, me juge, me déprécie,
Mon corps devient un fardeau, une prison sans clé.

Mes pensées s'égarent, mon esprit se consume,
Dans cette obsession malsaine, cette amère coutume,
Je me prive, je me torture, je me nie,
À la recherche d'une beauté qui s'évanouit.
La peur de ne pas être à la hauteur,
De ne pas répondre aux standards de beauté,
Nous rendent tristes et nous font perdre toute allure,
Et nous font oublier notre propre réalité.

Dans les méandres de mon être, sombre et déchiré,
S'entrelacent les tourments, la peine et l'obscurité.
Mon corps, tableau fragile, miroir de mes pensées,
Écorché par les diktats, sans cesse harcelé.

Je contemple dans le miroir ce reflet imparfait,
Les contours de mon être qui ne cesse de me hanter.
La société dicte des normes, une beauté stéréotypée,
Et je me perds dans ce combat, dans cette réalité.

Mon corps, prison de mon âme, est-il donc si erroné,
Au regard des regards, des jugements démesurés ?
Je voudrais m'envoler, me libérer de ces chaînes,
Mais la confiance en soi, un mirage éphémère, se déchaîne.

Je scrute chaque ligne, chaque courbe, chaque pli,
Comme autant de failles, de preuves de mon ennui.
Je me compare aux autres, aux images retouchées,
Et la douleur s'installe, mon estime est brisée.

Dans cette spirale infernale, j'étouffe, je m'éteins,
En quête d'une perfection qui m'échappe sans fin.
Mais que serait la beauté sans cette authenticité,
Sans cette palette de formes qui nous définissent, en vérité ?

Les nœuds du sang

Dans les méandres des relations familiales,
S'entremêlent les liens, tourment et cristal,
Entre parents, beaux-parents et demi-sœur,
Se dessine un tableau sombre, de cœurs en pleurs.

Le beau-père, figure austère et autoritaire,
Imposant ses règles, de sa voix impériale,
L'enfant se perd dans ce monde délétère,
Entre obéissance forcée et silence funèbre.

La mère, fragile et brisée dans l'ombre,
Porte le fardeau d'un passé qui la consume,
Son regard, empreint de tristesse et de pitié,
Évoque les failles d'une âme en détresse.

Les beaux-parents, étrangers dans cette sphère,
Des étrangers qui tentent de combler le vide,
Mais l'enfant ressent une distance amère,
Une frontière invisible qui les divise.

Et la demi-sœur, à moitié présente,
Une étrangère dans ce chaos ambiant,
Entre rivalités sourdes et différences criantes,
L'enfant s'enferme dans un monde étouffant.

Les repas en famille deviennent une épreuve,
Où l'on cache les mots, les secrets qui se meuvent,
Chaque parole prononcée est une arme,
Qui blesse les cœurs, provoque les larmes.

Les silences se font lourds, oppressants,
Chacun porte son fardeau, ses tourments,
Les murs de la maison emprisonnent les échos,
Des rires enfuis, des cris étouffés, des pleurs trop nombreux.

Les rimes d'une identité qui n'a jamais pu se créer

Dans les méandres de l'âme en détresse,
Se tissent les fils d'une étrange détresse,
Les troubles dissimulés, identités morcelées,
Dissociation d'un moi fragmenté.

Comme un miroir brisé, aux éclats disséminés,
L'identité s'échappe, se voile dans l'obscurité,
L'âme errante se perd, s'enfuit dans l'oubli,
Les masques se superposent, sans répit.

Dans les tréfonds de l'être, une lutte incessante,
Entre les fragments d'une âme déroutante,
Les voix qui se chevauchent, s'entrechoquent,
L'équilibre fragile, toujours en émoi.

L'écho des silences, des pensées sans émoi,
L'alexithymie dicte sa loi, cruelle émoi,
Les mots se dérobent, s'enfuient dans l'ombre,
Les émotions se meurent, l'âme en décombres.

Telle une symphonie sans mélodie, sans ton,
Les émotions s'évanouissent dans l'horizon,
La tristesse se confond avec la joie,
Dans cet univers troublé, sans foi ni loi.

Les métaphores se font l'écho de cette quête,
La réalité s'efface, la douleur se répète,
Le papillon de l'âme bat des ailes dans le noir,
Cherchant désespérément l'essence du miroir.

Dans les replis obscurs de l'âme tourmentée,
Se dessine un paysage où l'identité se déchire,
Les troubles dissolvent l'être en fragments éparpillés,
Et l'alexithymie étouffe les mots qui aspirent.

Tel un miroir brisé, l'esprit se morcelle,
Dissociant chaque facette, chaque personnage,
Un kaléidoscope d'ombres, une danse cruelle,
Où l'unité se perd dans cet étrange mirage.

Une multitude d'âmes cohabitent en silence,
Se disputant le territoire de la conscience,
Chacune porte un masque, une identité sans essence,
Prisonnières d'un labyrinthe où règne l'impuissance.

Les mots se dérobent, étrangers à l'émotion,
L'alexithymie étreint l'expression du cœur,
Les sentiments se noient dans leur propre confusion,
Comme une symphonie sans partition ni ardeur.

Les souvenirs s'effacent, se dissolvent dans le néant,
Des fragments épars, des éclats de passé,
L'identité se perd dans l'oubli déroutant,
Comme une énigme sombre jamais déchiffrée.

Les jours se confondent dans une danse floue,
Le temps échappe à celui qui cherche à saisir,
Un puzzle inachevé, aux pièces disparues,
Où les repères se fondent et finissent par fuir.

Les antithèses s'affrontent, se déchirent,
Entre l'ombre et la lumière, l'âme soupire,
La dualité s'impose, entre la nuit et le jour,
Le chemin vers la guérison, un défi sans retour.

Que les mots deviennent ponts, langage de l'âme,
Pour briser les chaînes, guérir les séquelles,
Offrir aux blessures un baume de douceur,
Et réunir les fragments, en un être en fleur.

Dans ce poème sombre, un cri de vérité,
Pour éclairer les ténèbres, trouver la clarté,
Car au-delà des troubles, de l'incertitude,
L'espoir persiste, la guérison s'étend en multitude.

L’étreinte angoissante de l’aube où l’enfance et l’adolescence se perdent et se métamorphosent en un horizon incertain : « Le passage à l’âge adulte »

Vers sur la souffrance invisible

Dans les méandres de l'esprit tourmenté,
Se cachent des ombres, des peurs, des secrets,
Les tourments invisibles, silencieux,
Les maux de l'âme, les blessures des cieux.

La dépression, sombre mélancolie,
S'enroule en écharpe, brume d'agonie,
Elle étouffe les sourires, assombrit les jours,
Et plonge l'âme égarée dans les détours.

L'anxiété, cette bête tapie en nous,
Étreint le cœur, rend l'âme prisonnière des doutes,
Elle fait naître l'angoisse, l'incertitude,
Et laisse l'esprit dans un état de solitude.

L'angoisse, spectre invisible et vorace,
Étouffe la voix, embrase l'espace,
Elle serre le cœur, oppresse la respiration,
Et déforme la réalité dans une distorsion.

L'anorexie, ce combat contre soi-même,
Dévore les corps, laisse l'âme en blasphème,
Elle efface les courbes, affame l'esprit,
Et brise les miroirs dans un tourbillon maudit.

Les troubles bipolaires, montagnes russes émotionnelles,
Équilibre fragile entre les phases parallèles,
Entre l'euphorie et la chute dans les abîmes,
L'âme oscillante cherche une trêve intime.

Les troubles post-traumatiques, cicatrices de l'âme,
Souvenirs brisés, souffrance qui réclame,
La guerre intérieure, les fantômes du passé,
Hantent le présent, dans un cri étouffé.

La schizophrénie, labyrinthe de l'esprit,
Voix discordantes, réalités en conflit,
Elle fragmente l'identité, trouble la perception,
Et danse avec les démons dans une sombre illusion.

Dans ces vers s'élèvent les voix oubliées,
Les murmures brisés, les larmes envolées,
Pour que les mots pansent les plaies béantes,
Et que l'amour enveloppe les âmes tourmentées.

Les cendres de l'épuisement

Au creux des jours épuisés, un souffle se consume,
Un mal sourd s'infiltre, l'âme se consume,
Le corps et l'esprit se mêlent dans la brume,
Le burn-out s'installe, dévorant les plumes.

Tel un brasier ardent, l'énergie s'épuise,
Les forces s'amenuisent, l'âme s'épuise,
Le stress qui s'accroche, la flamme qui grise,
Le burn-out s'étend, tel un poison qui luit.

Dans le tourbillon des heures, l'équilibre se perd,
Les pensées s'embrasent, l'équilibre se perd,
Le corps, tel un navire, tangue sous les éclairs,
Le burn-out consume, lentement, sans égard.

La quête incessante de réussite et de perfection,
Un fardeau insoutenable, cette recherche de perfection,
Les attentes pesantes, lourde pression,
Le burn-out s'immisce, sans aucune concession.

Dans l'obscurité silencieuse, l'épuisement se tisse,
Les nuits sans sommeil, la douleur se tisse,
Le corps meurtri, l'âme qui se fissure et se brise,
Le burn-out s'installe, dans son étreinte viciée.

Les signes s'accumulent, mais trop souvent ignorés,
Les signaux d'alarme, souvent ignorés,
La détresse qui grandit, silencieuse et cachée,
Le burn-out prospère, sans être révélé.

Cheminements éclairés

Au carrefour des chemins, je me tiens,
À la recherche de mon avenir incertain.
Les études, sentiers sinueux et déroutants,
Sont le guide vers mes rêves flamboyants.

Dans les méandres de mes aspirations,
Je cherche les étincelles de ma passion.
Quelle voie choisir parmi cette multitude,
Pour trouver l'harmonie et l'altitude ?

Mon cœur bat au rythme de l'ambition,
Cherchant la clé de la bonne décision.
Entre art et science, lettres ou chiffres,
Trouver la voie qui nourrira mes espoirs.

Tel un funambule sur le fil du destin,
Je cherche l'équilibre entre rêve et dessein.
La lumière des possibles éclaire ma route,
Mais l'ombre des doutes me poursuit en déroute.

Parfois, je me sens perdue dans ce labyrinthe,
Égarée parmi les choix qui m'interpellent et m'intimident.
La pression sociale, les attentes des autres,
Vouloir plaire et trouver ma place dans cette cohorte.

Dois-je céder aux convenances, à la norme,
Ou oser écouter l'appel de mon propre orme ?
La voix intérieure chuchote des promesses,
Mais la peur de l'échec, en moi, s'engraisse.

Les rêves tissés d'obligations

Au seuil de l'indépendance, l'âme se dévoile,
Les responsabilités s'alourdissent, l'existence se déploie.
Tel un voile obscur, la vie se transforme,
Des épreuves émergent, et la jeunesse se forme.

Dans l'étreinte de l'aube, l'enfant s'éveille,
Les doux jeux d'autrefois cèdent à la réalité qui s'émerveille.
La légèreté s'efface, les fardeaux se dessinent,
Le chemin de la maturité s'entrelace et se termine.

Les épaules courbées sous le poids des attentes,
L'innocence se meut en une force bienveillante.
Les choix s'imposent, les chemins se bifurquent,
Et les promesses de demain sur le destin planchent.

Les obligations émergent, l'horizon se dresse,
Comme un soleil éclatant, guidant l'âme en détresse.
Les devoirs s'accrochent à notre être fragile,
Et les rêves se confrontent aux réalités subtiles.

L'enfant devient adulte, les rênes sont saisies,
Dans ce tourbillon d'émotions où la vie s'épanouit.
Les doutes et les peurs, tels des loups affamés,
Hantent les pensées, menaçant de tout dévorer.

La transition s'amorce, entre ombre et lumière,
Des moments de joie s'entremêlent aux craintes premières.
Comme un funambule, on avance sur le fil de l'existence,
Équilibre fragile entre autonomie et dépendance.

La solitude se glisse entre les interstices,
Les liens se transforment, les amitiés se fissurent.
Les anciennes épaules accueillent de nouvelles responsabilités,
Et l'enfant s'efface, laissant place à la maturité.

La danse des aspirations

Dans les méandres de choix incertains,
S'épanouit la quête des destins,
Le chemin tortueux de nos vies,
Où la pression s'immisce et s'envie.

La société impose ses attentes,
Les rêves se perdent dans l'errance,
Trouver sa voie devient une lutte,
Une bataille où l'âme se brûle et se bute.

Au creux de l'âme, la flamme vacille,
L'écho des doutes nous interpelle,
Carrière tracée ou voie inconnue,
Le cœur balance, les choix s'émurent.

Dans ce dédale de possibilités,
La recherche de soi se fait prisonniers,
Le poids de l'avenir pèse sur les épaules,
Comme une chape de plomb qui nous accole.

Les passions brûlent au fond de nos cœurs,
Mais les exigences éteignent nos faveurs,
La peur de l'échec, l'angoisse de l'erreur,
Nous laissent perplexes et sans lueur.

Chaque voie semble sinueuse et étroite,
Les chemins se croisent, se bousculent, se frottent,
L'univers des possibles s'ouvre grand,
Mais le doute persiste, le temps se tend.

Carrière lucrative ou amour du savoir,
Faire un choix devient un cauchemar,
La passion et la raison se confrontent,
Dans une bataille où l'âme se démonte.

Les métaphores deviennent des miroirs,
Réfléchissant nos rêves et nos désespoirs,
La réalité se fait cruelle compagne,
Dans cette quête d'une vie qui se gagne.

Les attentes, reflet d’une société figée

Les attentes du monde et de nos proches,
Lorsqu’on atteint l’âge adulte, sont si lourdes.
On doit suivre un chemin, une voie droite,
Et chaque faux pas est un coup sur notre corde.

Les parents veulent voir leur progéniture
Avoir une carrière, une maison et des enfants.
Mais que se passe-t-il lorsque l’on perdure
Dans l’indécision et les doutes pesants ?

La société impose ses standards,
Des objectifs à atteindre, des rêves à poursuivre.
Mais la pression peut parfois être trop grande,
Et les attentes deviennent des fardeaux à vivre.

Dans l’éclat du matin, l’ombre se dessine,
Le poids des attentes, l’étau qui se resserre,
Le passage à l’âge adulte, une scène clandestine,
Où se mêlent les rêves et les larmes amères.

Les yeux fixés sur moi, leur regard m’imprègne,
Une symphonie d’espoirs, de désirs en filigrane,
La famille et la société, une voix qui résonne,
Me poussant à braver le tumulte et l’incertain.

Les pas s'allongent, le chemin se dévoile,
Là-bas, devant moi, un horizon de contraintes,
L'ombre des conventions, une bataille sans voile,
Sous les yeux du monde, je deviens leur sainte.

Mais dans le silence, mon cœur bat sa propre mélodie,
Loin des attentes, je cherche ma propre harmonie,
Les rêves qui m'animent, mes envies enfouies,
Libre de tracer mon destin, sans peur ni déni.

La famille, pilier sacré de l'existence,
Un étau protecteur ou une cage étouffante,
Entre les traditions et les règles de l'urgence,
Je cherche l'équilibre, la voie bienveillante.

Les promesses s'amoncellent, les rôles s'imposent,
La carrière brillante, le mariage et les enfants,
Les certitudes figées, les rêves qui s'exposent,
Mais mon âme rebelle, aspire à un autre temps.

Je marche sur un fil, entre l'ombre et la lumière,
Dans l'étau des conventions, je cherche ma vérité,
Les masques qui s'effritent, une identité éphémère,
Je refuse d'être l'actrice d'une pièce imposée.

Les joyaux du temps

Dans les méandres de mon existence,
J'ai parcouru les routes de l'expérience,
À travers les sentiers escarpés de la vie,
J'ai appris les leçons qui forgent l'esprit.

Tel un navire voguant sur l'océan,
J'ai affronté les tempêtes sans fin,
Les vagues déferlantes m'ont secoué,
Mais j'ai su garder ma voie tracée.

J'ai rencontré l'amour, ce doux poison,
Qui éclaire nos jours et assombrit nos saisons,
Dans ses bras j'ai goûté à la félicité,
Mais aussi aux larmes de la désillusion.

Les amitiés se sont tissées et déliées,
Comme des fils d'une toile éphémère,
J'ai compris qu'il est des liens qui durent,
Et d'autres qui s'évanouissent dans l'air.

Les épreuves ont forgé mon caractère,
Les chutes ont renforcé ma volonté,
Dans l'adversité, j'ai puisé ma force,
Et dans la douleur, j'ai trouvé ma vérité.

J'ai croisé le chemin de la tristesse,
Dans l'obscurité de l'âme en détresse,
Mais j'ai appris à trouver la lumière,
Au creux des ténèbres, une flamme éphémère.

Les déceptions ont été mon miroir,
Révélant mes faiblesses et mes devoirs,
J'ai appris à pardonner, à lâcher prise,
À trouver la paix dans ce monde de brise.

La maturité émotionnelle m'a enseigné,
La sagesse des cicatrices, leçon gravée,
Dans mon cœur, les émotions sont sculptées,
Tels des joyaux précieux, éternellement préservés.

J'ai appris à danser avec les paradoxes,
À jongler avec les espoirs et les chocs,
À embrasser la beauté dans la dualité,
À trouver la grâce dans la complexité.

Les mots en liberté

Dans l'aube douce et fragile, elle se lève,
Prête à affronter la vie qui la soulève.
Son cœur brûle d'un désir ardent et secret,
Vers les horizons de savoir, elle s'apprête.

Elle franchit les portes de l'université,
Un pas vers l'inconnu, une nouvelle réalité.
La licence d'information et communication,
Un chemin tracé vers ses aspirations.

Dans les méandres des mots et des idées,
Elle plonge avec passion, jamais lassée.
Les livres deviennent ses compagnons de route,
La connaissance, son arme absolue.

Elle emménage dans son propre appartement,
Un cocon d'indépendance, de liberté grandissant.
Loin de la cage qui la maintenait prisonnière,
Elle s'épanouit dans cette vie nouvelle et fière.

Mais la solitude se faufile dans son être,
Le silence de l'appartement lui paraît austère.
Elle ressent le poids des responsabilités,
Entre études exigeantes et emploi pressé.

Le travail étudiant, sa planche de salut,
Pour subvenir à ses besoins, elle s'y est tenue.
Entre les rayons des livres et les paliers,
Elle jongle entre les rêves et la réalité.

Les nuits se font courtes, les jours interminables,
Dans cet équilibre fragile et instable.
Le stress la ronge, l'anxiété l'enveloppe,
Mais elle continue, résiliente et intrépide.

Elle apprend à jongler avec les contraintes,
À trouver en elle des ressources éteintes.
Dans son cœur résonnent les vers de la vie,
Une symphonie de rimes, d'amour et de folie.

Dans les cours, elle absorbe chaque leçon,
En quête de savoir et de perfection.
Le parcours documentation, son chemin tracé,
Vers la maîtrise des mots, elle se laisse emporter.

Les métaphores deviennent sa langue maternelle,
Elle sculpte les phrases, tisse des merveilles.
Les antithèses se mêlent dans son esprit vif,
Un univers de sens et de subtilités qu'elle captive.

Sous les doigts enchantés

Dans les profondeurs de son âme mélodieuse,
La musique éclot, telle une fleur précieuse.
Le piano, sa muse fidèle et solennelle,
Emplit l'air de son chant, doux et éternel.

Les touches effleurent avec grâce et passion,
Révélant des notes, émotions en fusion.
Elle se livre, sans mots, dans chaque harmonie,
Et suscite en nos cœurs une infinie nostalgie.

Ses accords majeurs, comme un rayon de lune,
Éclairent nos ténèbres, nos peines importunes.
Mais les notes mineures, aux sombres nuances,
Ravivent nos tourments, nos sombres errances.

Le piano murmure, comme une âme égarée,
Et le temps s'arrête, dans une douce ivresse.
Il captive nos sens, nous emporte ailleurs,
Dans un voyage intime, rempli de douceurs.

Ses doigts effleurent les touches d'ivoire,
Comme des étoiles caressant le soir.
Et chaque note qui naît, tel un doux frisson,
Se mêle à notre être, vibrant à l'unisson.

Il dit des mots sans voix, des secrets en notes,
Et nous transporte là où la vie dénote.
Dans l'intimité des sons, l'âme se délivre,
Et se fond dans le flux, du temps qui délivre.

Le piano est complice des joies et des peines,
Il console nos cœurs, apaise nos haines.
Il révèle en chacun cette part d'humanité,
Qui se cache parfois, sous le poids du passé.

Il évoque l'espoir, dans une mélodie légère,
Et charme nos esprits, nous laissant en lumière.
Mais aussi, dans le noir, il révèle nos failles,
Et nous plonge au plus profond, dans nos batailles.

Il nous parle du temps qui fuit et qui s'échappe,
Des souvenirs figés, des amours qui se cassent.
Il danse avec nos rires, nos larmes qui coulent,
Et nous rappelle que la vie est fragile et trouble.

Le piano nous murmure l'histoire des silences,
Des émotions cachées, des mots sans révérence.
Il est le confident des âmes solitaires,
Et des rêves enfouis, prisonniers de nos chairs.

Dans les méandres des touches, il trouve son écho,
Et nous emporte là où les mots sont trop peu.
Il exprime la beauté, dans chaque note qui vibre,
Et nous offre un instant où l'éternité s'enivre.

Ô piano, compagne des âmes éprises,
Tu nous révèles l'essence des vies surprises.
Par tes sons envoûtants, ton chant mélodieux,
Tu transformes nos peines en hymne radieux.

Voyage au pays des mélodies

La musique, cet art aux notes si douces,
Emplit nos cœurs de mélancolie,
Elle se joue des temps et des pauses,
Et berce nos âmes endolories.

Elle a ce pouvoir de nous transporter,
De nous emmener dans un autre monde,
Où les soucis semblent s'évaporer,
Et où les douleurs se font moins rondes.

Parfois, elle est comme une étreinte,
Qui nous enveloppe et nous serre fort,
Et qui nous donne la force de peindre,
Des horizons jusqu'alors sans efforts.

Mais elle peut être cruelle aussi,
Et rappeler les temps révolus,
Les souvenirs qu'on aurait voulu enfouis,
Et les blessures qui restent pendues.

Elle est comme une lame de fond,
Qui peut nous engloutir sans prévenir,
Et nous faire ressentir profond,
Tout ce qu'on pensait avoir pu fuir.

La musique, cet art aux multiples facettes,
Peut-être l'écho de nos pensées les plus secrètes,
Elle peut être une amie fidèle ou une ennemie sournoise,
Mais elle restera toujours un baume pour nos émotions en émoi.

L'encre des songes

Dans l'atelier secret où l'encre s'éveille,
Elle dessine sur sa peau les histoires éternelles.
Avec précision, dans un ballet gracieux,
Elle trace les contours, tisse les liens soyeux.

Ses mains, pinceaux habiles aux doigts délicats,
Captivent les regards, révèlent les éclats.
Sur sa toile vivante, elle esquisse des songes,
Chaque ligne, chaque trait, tels des vers qui résonnent.

Le dessin se dévoile, lentement, avec mystère,
Comme un reflet de l'âme, une part de lumière.
Les motifs se mêlent, formant une symphonie,
Chaque tatouage est un récit, une poésie.

Dans l'encre noire, des fleurs éclosent,
Bourgeons de résilience, de beauté en osmose.
Les roses et les lys épanouissent leur éclat,
Tandis que les épines racontent les combats.

Sur sa peau parcourue de symboles gravés,
Se dessinent les souvenirs, les peines et les rêves.
Chaque tatouage est un écho, un témoignage,
Un moyen d'exorciser les ombres du passage.

Dans cet art profond, l'encre devient miroir,
Reflet de son essence, de son histoire.
Chaque trait est une quête, une quête d'identité,
Le dessin des tatouages, une intime intimité.

Elle explore les abysses, les recoins de son être,
À travers les encres, les couleurs, les reflets.
Les motifs se répondent, se font écho,
Une symphonie visuelle, une danse au tempo.

Le dessin des tatouages est un voyage intérieur,
Une catharsis silencieuse, une libération du cœur.
Chaque encre déposée est une larme séchée,
Une part d'elle-même qui s'est enfin exprimée.

Les motifs s'entrelacent, tissant des toiles vivantes,
Où les rêves se déploient, échappant aux tourmentes.
Dans ce paysage éphémère, elle se trouve enfin,
Dans le dessin des tatouages, elle est libre de son destin.

L’étau empoisonné

Dans l’obscurité des cœurs brisés,
Se tissent les liens empoisonnés,
Les relations toxiques, telles des serpents,
Enlacent les âmes, noyant les tourments.

Elle, femme vulnérable, en quête d’amour,
Se perd dans les méandres d’un sombre détour,
Son cœur affamé, avide de tendresse,
Se laisse prendre au piège de la détresse.

Dans les bras d’un amant aux traits séduisants,
Elle découvre l’enfer, l’amour vénéneux dansant,
Ses mots doux deviennent des serments mensongers,
Et sa passion se transforme en linceul écorcheur.

Elle se voit dévorée, dépossédée de son essence,
Emprisonnée dans les chaînes de la dépendance,
Il lui vole sa liberté, piège son esprit,
Laissant son âme meurtrie, privée de répit.

Les mots qu’il lui susurre sont des épées acérées,
Qui transpercent son être, laissant son cœur exsangue,
Ses promesses illusoires, des chants ensorcelés,
La conduisent à sa perte, dans l’abîme où tout tangue.

Elle se consume, étouffée par les tourments,
Sous le joug de l'oppression, des mots violents,
La passion se meut en une danse destructrice,
Et l'amour devient l'ombre d'une mélodie triste.

Dans cette relation toxique, elle se perd,
Comme une fleur privée d'eau, fanant sans égard,
Son éclat se ternit, son sourire s'efface,
Et dans ses yeux ternis, se lit une détresse.

Elle se trouve prisonnière d'un amour perverti,
Où l'illusion d'affection l'a conduite à l'oubli,
Dans l'ombre de ses pas, elle marche sans espoir,
Embrassant la douleur, s'étiolant dans le noir.

Les rimes de la violence

Dans l'ombre de l'amour, une tragédie s'élève,
Le silence étouffé d'une âme qui se soulève.
Elle porte en elle les stigmates d'un combat,
La violence qui s'abat, un calvaire qui se débat.

Les mots deviennent lames, tranchantes et cruelles,
Déchirant l'esprit, semant l'effroi, les séquelles.
Les murmures empoisonnent son être fragile,
Leur venin insidieux, une douleur qui la mutile.

Elle danse sur les braises d'une relation brisée,
Captivée par l'illusion d'une passion éclipsée.
Sous le voile des apparences, cachée et meurtrie,
Elle s'éloigne de ses rêves, de ses aspirations assombries.

Les mains qui devraient caresser deviennent des poings,
Frappant son corps meurtri, brisant tous ses liens.
Les gestes d'amour s'effacent, remplacés par la peur,
Elle se perd dans un tourbillon de douleur intérieure.

Elle cherche une issue, une échappée salvatrice,
Mais les chaînes invisibles l'enferment dans l'impasse.
Sous l'emprise du bourreau, elle se sent prisonnière,
Un papillon épuisé, privé de toute lumière.

Ses ailes sont blessées, ses rêves se fanent,
La violence s'insinue, noircissant toutes ses années.
Elle lutte dans l'ombre, cherchant un souffle de vie,
Mais les ténèbres de la violence conjugale la défient.

Le chant tourmenté de l'accomplissement

Dans l'océan des jours, elle voguait sans répit,
La femme au cœur vibrant d'un rêve enfoui.
La vie professionnelle, son arène implacable,
Où se mêlent les éclats, les rires et les sables.

Elle se leva chaque matin, l'âme encore engourdie,
Dans la froide réalité, ses rêves se sont enfuis.
Elle brava les tourments, les obstacles, les remparts,
Le labeur quotidien, un combat sans égards.

Dans cet univers vorace, où les heures s'envolent,
Elle cherchait sa place, mais souvent se désole.
Les attentes pressantes, les responsabilités pesantes,
Ses ailes s'effritaient sous des montagnes brûlantes.

Elle s'enveloppait d'un masque, sourire étincelant,
Derrière lequel se cachait un monde frémissant.
Les mots qu'elle susurrait étaient des mélodies,
Mais dans son être tourmenté, résonnaient les cris.

Les jours s'enchaînaient, monotones et vides,
Elle s'engloutissait dans une routine morbide.
Les ambitions se perdaient, l'élan s'estompait,
Les rêves se consumaient, dans la nuit s'en allaient.

Les mots épuisés flottaient tels des échos,
Dans l'immensité d'un espace sans repos.
Le travail, cette danse entre l'ombre et la lumière,
Où s'entrelacent les rires et les larmes amères.

Elle se perdait parfois dans les méandres du temps,
Cherchant une étincelle dans l'horizon brûlant.
Mais au creux de son être, une flamme persistait,
La quête de sens, de passion, elle la poursuivait.

La vie professionnelle, toile complexe et délicate,
Tisse un voile fragile, parfois opaque.
Les succès brillants, les échecs écorchés,
Tous ces moments forgent l'âme d'une destinée.

Elle lève la tête, bravant les vents et les tempêtes,
Dans l'ombre des soucis, elle trace sa silhouette.
Les antithèses se confondent, l'amertume et la douceur,
Elle peint son tableau, mêlant les nuances de son cœur.

Remerciements

Alix, mes amis, ma famille à moi, étoiles dans ma nuit,
Vos sourires, vos mains, vos cris,
Dans mes projets, vous fûtes l'élan,
Gratitude éternelle, merci, tout simplement.

Ma famille, anges sur ma route,
Soutien infaillible, douce écoute,
Vos espoirs m'ont porté si loin,
À vous, un merci, tendre et loin.

Claudine, Patricia, gardiennes du savoir,
Dans vos murs, j'ai vu mes espoirs,
Dans ce livre, leur soutien à foison,
Un doux chant, une danse d'émotions.

De mots tissés, pages écrites,
Leur amour, leur encouragement, ma lumière,
Pour vous tous, merci sincère,
Ce livre, c'est votre âme dans chaque vers.

Table des matières

Imprimé en Allemagne
Achevé d'imprimer en octobre 2023
Dépôt légal : octobre 2023

Pour

Le Lys Bleu Éditions
40, rue du Louvre
75001 Paris

www.ingramcontent.com/pod-product-compliance
Lightning Source LLC
Chambersburg PA
CBHW062343010826
49168CB00024B/235

9791042210137